全球创猎者

郝杰 著

图书在版编目（CIP）数据

全球创猎者 / 郝杰著. -- 北京：中信出版社，2018.3
ISBN 978-7-5086-8245-7

Ⅰ.①全… Ⅱ.①郝… Ⅲ.①创业－研究－中国 Ⅳ.①F249.214

中国版本图书馆 CIP 数据核字（2017）第 253097 号

全球创猎者

著　　者：郝　杰
出版发行：中信出版集团股份有限公司
　　　　　（北京市朝阳区惠新东街甲4号富盛大厦2座　邮编 100029）
承　印　者：中国电影出版社印刷厂

开　　本：787mm×1092mm　1/16　印　张：15.25　字　数：152千字
版　　次：2018年3月第1版　　印　次：2018年3月第1次印刷
广告经营许可证：京朝工商广字第 8087 号
书　　号：ISBN 978-7-5086-8245-7
定　　价：49.00 元

版权所有·侵权必究
如有印刷、装订问题，本公司负责调换。
服务热线：400-600-8099
投稿邮箱：author@citicpub.com

献给我的父亲母亲

献给我的妻子

献给我的孩子们

序言

儿子，我有三个。

老二、老三不到两岁，正在用嘴探索世界，吃是他们唯一执念。如果有人在旁边不小心说了一个吃字，两人会眼睛一亮，扭起小屁股歪歪扭扭地直奔厨房。

老大不到六岁，继承了我的幽默搞怪，是一个"我的热情像是一把火"的男孩子。全班同学照相，别的小朋友都站得笔直，冲镜头微笑，就我家老大把身体扭成麻花状，冲镜头招手、吐舌头。

人们都说家长是孩子最重要的老师。但我觉得恰恰相反，这三个孩子是我优秀的导师，我从他们身上开始重新观察这个世界，在他们面前，每一个问题我都不敢不认真回答。

上次回美国时去接大儿子放学，他忽然问我："爸爸，人怎么才可以不后悔？"

嗯，宝贝儿子，你提了一个非常重要的问题，而且你在生命的某个阶段可能会再次问爸爸。我考虑了一段时间，有了一些粗浅的想法，说给你听听。

了解时代

了解一个时代的特性是重中之重。现在是2017年，在过去的10年里，爸爸已经看到了几次因为时代变化导致人们的认知发生大变

动。在可预见的未来，时代变化会越来越快，和时代变化同频是你生存的核心能力之一。未来，国家的概念可能会逐渐因为科技发展而有所变化，你也许会是几个国家的电子居民，所以跨文化的开拓和协作能力是爸爸希望你拥有的能力之一。在你们这一代，科技会满足人们大部分需求，会让人们远离疾病、不再害怕饥荒，这些从很大程度上改变了人类社会。但只要保持笑容、接受甚至引领时代变化，爸爸觉得适应这新社会就不难。

遵循普世价值观

有一些价值观，无论时代如何变化，都是应该遵循的，比如忠诚、勤奋、尊重他人。如果你遵循这些普世的价值观，你就可以在任何跨文化的交流和协作中都表现出色。让孩子真正了解这些价值观的方式是父母的言传身教。这点，你爷爷奶奶做得非常出色。如果你无法理解这些价值观，那么一定是我和妈妈的失职。

置身判断之外

爸爸非常非常敬佩你的想象力，你喜欢乐高，我和你一起拼飞船，你的飞船总是比爸爸的飞船更有想象力。如果人类文明是一个巨大的乐高建筑的话，那么建起这巨大建筑的小乐高块就是"判断"，如"对""错"这样的概念。正是有了对和错，才有可能产生"王国""宗教""道德""正义"等更高层次的概念，构建起人类文明。但当慢慢长大，我们会发现，事情往往没有对错之分，只有选择。爸爸希望你置身于判断之外，这样才更加客观、灵活。

掌握世界的核心

爸爸认为，这个世界的核心是历史、哲学、文学。爸爸本科学数学，博士读了计算机，再后来从事投资方面的工作，听起来和历史、哲学、文学没有关系。但事实上，爸爸大部分深层次的困惑，是历史、哲学、文学帮我解开的。如果未来可以把知识直接储存在脑中，在储存各种公式、商业案例、数学模型之前，爸爸建议你先把历史、哲学、文学方面的知识存下来。

赚　钱

最后谈谈赚钱，爸爸的这本书是教大家如何在这个大时代下赚钱的。未来10年，中国将成为超级强国。中国年轻人可以依托中国的市场、人才、资金在全球范围内猎取机会。而你长大后的时代是什么样，有什么行业我完全无法预料。但你只需要记得，赚钱就是你的认知框架的变现。所谓的认知框架即包括爸爸提到的以上四点。

希望你能绽放属于你的光芒！

爱你！

郝　杰

前言

> "加速"和"连接"是我们这个时代最重要的两个关键词。我可以清晰地感觉到自己在快速地蜕变。每隔一段时间,我像蛇一样蜕下一层旧皮,带着新的思想和知识游向明天。
>
> 我感觉毛骨悚然,又感觉新鲜刺激。

以色列的英语磁带,南美小镇的可乐

我的英语启蒙于一盘用希伯来语讲解英语的磁带,记忆中这盘白色磁带永远在我的随身听里面。磁带附带讲解的小册子,里面一句英语,一句希伯来语,以至于很长时间里我一直认为希伯来语就是英语的拼音。

那时候我10岁,父母以知识分子的身份从农村来到城市打拼,裤管上还有没来得及擦下去的泥土。家也刚刚从大院搬到了楼房,我像一只猴子一样从窗口向外看。外面,楼外30米就是一条铁路,通往附近的煤厂。咣当咣当,火车来了;咣当咣当,火车拉着煤走了。火车扬起的煤粉悄无声息地飘落到家里的书桌上,一天不擦桌

子就黑黑的，家家都一样。

家家都一样的，还有孩子们。

那时的孩子早上被妈妈叫醒，去学校听语文老师用方言讲语文，学加减乘除，放学后满操场追一个皮球，然后回家吃饭，周而复始。我们和煤粉一样都是黑黑的，将来不知落在什么地方。而这盘白色的磁带，就像黑黑粉尘中的一道亮光，落在我的随身听里。

这盘磁带据说是以色列小学英语课本的配套磁带，是我的父亲让一个以色列客户带给我的。我们家几代教书，父亲毕业以后一直教英语，随后进入一家进出口公司做业务，最初就是和以色列客户打交道。我的父亲在和以色列客户做生意的过程中，也深受以色列客户教育理念的影响。父亲希望我了解这个世界，成为一个顶尖的应用型、复合型的人。

父亲甚至在我取得美国的博士学位后明确告诉我："你读的书很有可能让你更加短视，你应该背上包去看看这个世界，不要着急对任何事情下结论，尝试去做一些事情，但是千万别着急做成事。"回头看，我对父亲充满感激。我对这个世界的认识是从我博士毕业后才开始的。

我父亲的那个以色列客户也许很难想到他对一个中国家庭产生了如此深远的影响。

在这个世界上，我们每一个人都是受影响和影响别人的人，而且受影响的方式和速度远远超出了任何人的想象。

前言

2016年年初,我和一个朋友在智利度假。他的房子在比丘肯(Vichuquén)湖湖畔。一天午饭后,我们一起骑车去海边。从湖边到海边大约一个小时的骑行时间,中间路过伊科(Llico)的时候,我们决定停下来在加油站旁的便利店买点喝的。

问题是,我只有美元。

美元的威力显然没有波及南美洲这个偏远的小镇。不要觉得美元在海外任何一个地方都可以购买东西。在这个小镇用美元买可乐和在中国偏远地区某个不知名村落的小卖部用美元买一包方便面的难度相当。

便利店的两个姑娘盯着5美元的纸币看了又看,我给她们解释这是美国的货币,并给她们看当天美元和智利比索的汇率。几分钟后,一个姑娘忽然间开窍了,两眼放光地告诉我们,虽然店里无法接受美元,但是她个人愿意接受这张纸币。她用自己的钱买了两瓶可乐给我们,自己留下了那张5美元的纸币。

她通过这个交易赚了2美元,我们解决了口渴的问题,很好。临走的时候,另一个姑娘告诉我们从海边回来的时候如果还用美元买水的话,一定要给她一次机会。

智利偏远小镇的两个姑娘因此接触了另外一种货币,并且找到了两种货币兑换时产生的商业机会。她们也许是小镇唯一收美元的店主,她们所在的小便利店也许是镇上第一个收美元的便利店。甚至,她们以后也许会做一些小小的货币兑换生意;也许她们会更深

入地理解货币的含义，成为优秀的全球投资者。

无论如何猜想，我可以确定的是，未来的可能性一定远超出我的想象。

而这个影响是由我——一个中国的小伙子带来的。

世界正在加速全球化，几乎所有的事物都相互联系，相互影响。世界变化的速度快得让人无法想象。

冯仑说，一个人在一个时代中能够迸发出的光芒，其实就是这个时代的光芒。我深深地感觉，这个时代的光芒在快速地变化，甚至快速本身也成了一种光芒。

唐朝的人来到400多年后的明朝，可能会有口音的不同，可能对当时的政治文化需要一段时间的了解，但是不会像到了另外一个世界。可是100年前的人来到今天，很可能会觉得完全不认识这个世界。甚至，5年前的我看现在的自己，也会有陌生感。

12年前，我在北京告别亲人来到美国读书。博士毕业后，我经常旅行，不停地见人，尝试了解所到国家的不同行业，深入挖掘适合自己的商业机会。我旅行、学习、探索、做生意、建立自己的影响力，我可以清晰地感觉到自己在快速地蜕变。每隔一段时间，我像蛇一样蜕下一层旧皮，带着新的思想和知识游向明天。

我相信我绝不是唯一这样的人，我觉得这就是这个时代的节奏，是这个时代要求我们该有的节奏，这令我感觉毛骨悚然，又感觉新鲜刺激。

前言

"加速"和"连接"是这个时代的大背景。在"加速"和"连接"的大时代背景下,原有的系统在以我们无法想象的速度迭代。一些保证原来社会、商业、政治系统运行的概念快速迭代:货物不是原来的货物,货币不是原来的货币,数据不是原来的数据,甚至,国家不再是原来的国家,人类作为一种智能生物,也不再只是单纯的人类了。

在这几年不停地旅行,尝试和不同国家、不同行业的人合作的经历中,我看到了快速连接引起的全球趋同。虽然人们仍然有不同的语言、不同的信仰、不同的生活习惯,但是我看到了更多的趋同正在发生。

我认为下一个十年全球化的最大受益人群是中国的年轻人。从历史上看,当一个时代的强国快速崛起的时候,总有一批人依托崛起国家的市场、人才、资金,在更大范围内寻求机会。他们像创业者一样从头开始,感知趋势,利用趋势,像一个猎人一样在全球范围内猎取属于自己的机会。我把这群人叫作创猎者。

下一个十年是中国作为强国快速崛起的十年,下一个十年会有一群中国创业者,依托中国的市场、人才、资金,在全球范围内猎取这个时代给予他们的机会,这一群人是全球创猎者。下一个十年,是全球创猎者的十年。

这本书的目的,就是告诉全球创猎者,如何把握这黄金十年。

全球创猎者

如何读这本书

这本书绝不是一个"快速成功"的教程,我也在写法和用词上尽量注意,不让这本书成为一本成功学的书。如果你是想寻找快速成功的秘籍,这本书可能不是你想要的。纵观全球经济形势,我们已经进入一个"小火慢熬"的时代,我认为下一个十年,世界上的任何一个大的经济体都不会出现像中国过去 40 年那样的跨越式增长,我们很难再遇到那种随着一个经济体的飞速增长而"遍地是钱"的机会了。在"小火慢熬"的时代,我们需要做的事情就是看清楚时代的特性,找到一个适合这个时代的方法论并且落实到行动,让自己随着时间不断进步,成为这个时代需要的优质人才。这本书讲的就是在快速全球化的过程中,适合这个时代的方法论和相关的实践。

如果你只有一个小时,请阅读我在部分章节最后提炼出的重要观点,这些观点可以让你快速理解本书的精华。

在本书的第一章,我把这个时代在全球化的大环境下,对一个人才的要求总结成一个**时代公式**。随后本书把时代公式拆分,进行详细讲解。我希望读者在读完本书后,在一张纸上写下时代公式,以分析自己在全球化社会中的状况、未来努力的方向,需要做的事情。

第二章提出了"**信动力**"的概念。信动力是指将信息转化成行动的能力。我们每天都被各种信息"轰炸",以至于我们已经麻木了。在信息过载的情况下,信息本身是没有价值的,只有转化成行动,才能体现出其价值。而在这个时代,不只要把信息转化成行动,还要高效地收集信息、甄别信息,并快速地转化成行动。这个能力,就是信动力。在本章我根据自己的经验讲述了如何寻找信息,如何让媒体成为自己的合作伙伴,如何练习加强自己的信动力。

第三章我把我在4个国家的经历作为案例,讲述在**全球实践**中需要注意的地方。我希望所有读者注意到,虽然"全球创猎"有理论支持,但是在实践层面我个人不认为有一个成型的模式可以遵循。我更希望我的案例可以给大家启发,而不是完全照搬。我可以非常确定的是,很快会有一大批来自中国的"黄色面孔",在全世界范围内猎取他们的机会,不断实践,他们会比我棒得多。

第四章是**渗透社交**。你也许听过"保持对你的想法的觉知,因为想法会变成你说的话;保持对你说的话的觉知,因为你的话会变成你的行动"。在著名的引用格言的查询网站 quoteinvestigator.com 上关于这条格言到底出自谁口产生了激烈的讨论,因为似乎爱默生、老子、释迦牟尼等都说过类似的格言。如果这么多人曾经说过类似的话,那么这一说法在很大程度上是可信的。

对于全球创猎者来说,到一个地方深入发掘机会时一定会遇到一个关键问题:如何进入核心社交网。在这个问题上,全世界都一样。一个国家最有价值的信息很大一部分不在互联网上,它们在银行家、企业家、政治家、律师等人的脑子里。同时，如果开始实践，一定也是要依赖这些强有力的人际关系。而你的思考方式及其形成的行为模式，决定了你是否可以快速进入一个国家或者地区的核心社交网。渗透社交讲的就是全球创猎者应该具备的思考方式和行为模式。

第五章我用相当大的篇幅写了**教育的历史**，因为自我教育是一个人终身需要做的事情，而目前世界上很多教育机构，都慢慢变成了以职业培训为目标的"高级职业培训机构"。只有了解教育的历史，才可以挣脱目前社会对"教育"的桎梏，重新定义自我教育。

第六章我创建了**全球创猎者的训练模型**，无论你是一个学生、上班族、准备拓展自己事业边界的企业家、尝试海外投资的投资者，还是准备启程的全球创猎者，相信这个模型都会对你有所启发，按要求练习，你一定会大有收获。

> 知识如果不能改变行为，就没有用处。但知识一旦改变了行为，本身就立刻失去了意义。
>
> ——尤瓦尔·赫拉利（Yuval Harari）

如何交流

和这个时代其他所有的信息、知识一样，这本书从写出来就注定要过时。

如果你在书中发现了"迭代·机会"板块，就说明这是对正文内容的延展。大家可以在微信搜索公众号"diqiutun"获得更多信息。我希望《全球创猎者》这本书成为所有读者在这个大时代下个人全球化的开始。

这是一个伟大时代，祝大家玩得尽兴开心！

目录

如果有天堂 / 001

第一章　时代公式和全球创猎者 / 003
  时代公式 / 005
  全球创猎者里面的中国年轻人 / 013
  国家引擎化 / 018

第二章　信动力：和时代同频是革命性的进步 / 023
  信息对于创猎者来说是什么 / 025
  和世界同频才是目标 / 027
  核心能力：信动力 / 030
  世界不是平的，我们在为每条信息买单 / 032

第三章　全球实践 / 037
  智利：机会在聚光灯之外 / 039
  哥伦比亚：在历史转折中寻找最大的浪头 / 072
  英国：切换纬度，从红海到蓝海 / 089
  澳大利亚：自我金融教育，找到和自己金融理念相同的人，投资他！ / 117

第四章　渗透社交 / 133
  从皇城根儿出发 / 135

明确社交的相关定义 / 139

选择进入有影响力的网络 / 142

醒目来自不同 / 147

办大事，像买可乐一样 / 151

如何挖社交网的金矿 / 156

社交金线 / 158

第五章　教育 / 165

加州旅馆 / 167

我去美国，读博士 / 169

从蛮荒开始 / 174

自古教育的共性：恐惧和压力 / 178

从古希腊到夸美纽斯 / 180

来，把硬币立起来 / 189

第六章　成为全球创猎者 / 199

刻意练习 / 201

踏上全球创猎之路 / 202

结束语 / 211

推荐语 / 213

如果有天堂

如果有天堂，也许有不同时代的人坐在一棵梧桐树下，手中有各自时代的美酒，讲各自的故事。

人太多，怕吵。

大家约定，梧桐花瓣落入谁的杯中，这个人就拥有一句话的时间。所有人等着风来，等着花落。

风来，花落。

一个老人轻动身："公元前5世纪的大多数时间，我在雅典和人们谈话，了解人们的想法。"

"13世纪初，几十年间，我让青草覆盖的地方都成了我的牧马之地。"梧桐树下一匹马旁边的汉子朗声说道。

"我领导了美国的独立战争。"

"所有的叶是这一片，所有的花是这一朵，繁多是个谎言。因为一切果实并无差异，所有的树木无非一棵，整片大地是一朵花。"一个老人吟起了诗。

每个人用各自的方式讲着故事，直到风逐渐安静下来，大家尽兴，准备起身离开。

我站起身来慢慢开口："我知道你们。我可以在一天之内降落到

你们的首都，在几分钟之内了解你们国家的信息。我所在的时代，每个人都拥有更好地利用这个星球的能力。"

全场鸦雀无声，片刻间大家靠拢过来，各自斟满了酒，说："坐，小伙子，仔细说说。"

那，说说。

第一章

时代公式和全球创猎者

第一章　时代公式和全球创猎者

时代公式

> **时代能力 = 信动力 × 实践国家的数目**
>
> 这个公式为我打开了一扇未来之门，改变了我整个人生的轨迹。我坚信了解这个公式的人未来十年依然可以从中获取巨大的力量和时代红利。

2001年，我在北京的一所大学读大一。我所在的学院是理学院，我一直揣测也许是为了方便招生，我们系的名字后来被改成了信息与计算科学，而以前的系名叫作应用数学。

21世纪初，电子商务、计算机、金融、经济、生物工程都是最热门的专业。印象中，这些系里面的小伙子都意气风发，姑娘们走路时也都蹦蹦跳跳的。我一直坚持认为，就是因为这些系当年很"火"，所以这些意气风发的小伙子和走路蹦蹦跳跳的姑娘们上课都

是在明亮宽敞的主楼里面。

而我们系的课大多是在主楼附近那些两三层的小楼里面。班里面30多人，男生大多精瘦，短头发；女生大多精瘦，短头发。我们上课的教室的黑板上总会写下满满的公式，我们每天的生活就是从一个满是公式的黑板走向另外一个满是公式的黑板。记忆中，我的大学生活每天就是公式、公式，在公式中我几乎忘记自己的性别了。

如果有一件事情让人忘记了性别，那么这件事情要么让人享受，沉浸其中无法自拔，要么把人折磨得痛不欲生，而我是后者。

《数学分析》是我们系一门重要的基础课。教这门课的教授短发、微胖，眼中闪着深邃的光，骑一辆"二八"自行车。临上课前，教授一手拿书一手抓着自行车车把，顺着小路而来，下车、上楼、放书、开讲、写满一黑板公式，一气呵成。听班里的学霸说，这个教授是他觉得学术水平最高的，也是他最欣赏的。我深深同意，一个能把自行车骑出汗血宝马感觉的人，一定不是凡人。

我从来不是一个学霸，在这样的课堂上，我的笔头虽然跟着教授推演公式，心里却想着二食堂的芹菜炒肉或者喜欢的姑娘，一节课浑浑噩噩，很快也就过去了。我也不记得是哪一节课，教授骑着"汗血宝马"赶到，上楼、放书、开讲，在黑板上写公式，正写得酣畅淋漓时，他忽然将粉笔放下，停了一会儿，看着窗外自顾自地说："数学是美的，它可以描述这个世界。"

一个中年的微胖男子，满手粉笔灰，一手扶着黑板，一手拿着

第一章　时代公式和全球创猎者

半截粉笔，满眼散发着真理的光，沉浸在自己的世界中。虽然我不知道教授真正的意思，而且我已经被满黑板的公式折磨得分不清自己的性别了，但是我深深地觉得教授说的一定是对的。

随后，我用公式通过了大大小小的考试，用公式做数学建模，用公式写程序。在博士毕业以前，公式是我手中的一个工具，去完成不得不去做的事情。

但是，公式从未成为我的朋友，直到2010年年初，我博士毕业前期。

我的办公桌在实验室的最里面，办公桌上方有一个黑箱子，里面是实验室的服务器，整日嗡嗡作响。黑箱子的正面贴着一张打印的图片，图片中有一个手掌，掌心摊开，正冲着实验室的大门。这张图片是我刚进实验室的时候贴上去的，当时我的用意是提醒自己潜心学习，不要受外界干扰。

但是，在2010年年初，当我耐着性子在那个黑箱子下面改博士论文时，头顶那张手掌图片好像在对我说："别改了，哎哎哎，说你呢。别改了，你该静下心来，抬头看看这个世界了！"

我发现这个世界和我原来认识的世界已经完全不同了。

我们曾经认为美国是一个"完美的国家"。我们这一代人常会听到身边的人说，美国有好的市场，有"硬"的货币，是自由的国家，是非常强大的国家。如果一个孩子能去美国，那么就是有出息。在我小时候的印象中，美国就是一个完美的国家。可是，事实上，当

一个国家的金融系统不可持续、货币不断贬值、法律法案多如牛毛，甚至连债务的利息都无法支付的时候，这个国家的经济就已经开始下滑了。当用这一观点去考查美国的时候，我发现美国已出现上述所有现象。美国的经济下滑一开始并未被人察觉，随后却是"断崖式"的下跌。从2008年金融危机开始直到2016年总统大选，很多人依然相信"美国是世界老大"，但现在就连我在小城镇生活的阿姨都在跟我说"美国不行了"。人们逐渐意识到真实的世界不存在完美的国家。这个时代进入了"全世界为我所用"的时代，每一个国家或地区都有其发展的特色——美国的教育优势很明显，中国香港有很好的银行，新加坡是理想的贵金属存放地，爱沙尼亚开设公司很便利，阿根廷是著名的红酒出口国家。

好的教育背景和高学历是很好的个人背书。一个人从常青藤（Ivg League）毕业或者获得博士学位可以获得更多公司的关注和资源，更有可能就职于大公司，获得更高的薪酬和社会地位。但是，如果高薪酬和社会地位是目的的话，现如今好的教育背景和高学历则越来越不重要。2010年年初，我参加了一个北美的创业者聚会。其中让我印象最深刻的是在科罗拉多州的一次聚会。参与的人都是北美有影响力的博客创业者，这些创业者有几个特点：年轻，普遍在20~35岁；在某一方面非常精通；学习能力极强；对于所有不知道的事情充满好奇心和保持开放的心态；认为全世界为我所用。更重要的是，这些人大部分没有耀眼的教育背景，是的，大部分人都

第一章 时代公式和全球创猎者

毕业于普通大学或只有本科学历。但是没有人在乎他们是否是从常青藤毕业的，没有人在乎他们是否有硕士、博士学位。这些创业者中超过一半的人年收入大于 200 万美元。我坚信，未来一定是"英雄不问出处"，对世界的好奇心、学习和思考能力、表达能力，是未来的核心竞争力。近几年，中国互联网逐渐变成了"微信互联网"，内容创业风起，我也认识了一批优秀的内容创作者。同样地，没有人会在乎一个微信公众号背后的人是否毕业于常青藤或者有没有博士学位。**只要你可以提供有价值的信息和服务，就会有客户为你背书，这个背书将会让你获得好的收入和社会地位。**

曾经，世界上真的有很多"完美"的避风港。它们以很多方式出现在我们面前。比如，我们这一代很多人认为：美国有好的市场，坚挺的货币，好的公司，好的福利制度，强大的军队；背后的意思是：**美国是一个好的避风港，你去美国以后，你使用的货币风险小，你所在的公司足够强大、足够稳定，丰厚的社会福利也可以照顾你。**再比如，很多人喜欢去大公司、大机构、政府部门，背后的意思是这些地方是好的避风港；很多博士毕业后的首选是进入大学当教授，因为大学稳定，很少像公司一样会倒闭，而且教授几乎不会被辞退。试想在一个比较稳定的机构里面不会被辞退，简直找不到比这更好的避风港了。类似这样的避风港现在依然存在，但是现实状况是，几乎所有原来的避风港都已处于风暴中。人们口中的"世界强国"已成为世界最大债务国，"最自由的经济体"中任何一个创业者都被法律条款束缚得透不过气，大家说的"好的福利"背后的管理基金已入不敷出。大公司、大银行、大基金，甚至政府，破产裁员的故事接连不断。很多大学有不断累积的债务，能查到的有关学校债务和破产清算的讨论和文章也越来越多，我相信这预示着大学的危机快要来临。曾经，的确有一些"完美"的避风港；现在，没有真正安全的避风港。**躲在曾经的避风港，就等于在一个水湾等待巨浪拍下来。**

曾经，年龄从某一方面来说就是资产。例如，日本企业采取年功序列制，以年资和职位论资排辈，制定标准化的薪酬，鼓励员工在一家公司工作直至退休。2010年8月，我博士毕业，同年9月加入了达拉斯本地最好的国际扶轮俱乐部（Rotary），这是对我的人生产生重要影响的决定之一。这个小小的俱乐部专注慈善，人数常年控制在70人以内，而这70个人的影响力几乎覆盖了这个拥有美国电话电报公司（AT&T）、埃克森美孚（ExxonMobil）、德州仪器（Texas Instruments）、金佰利（Kimberly-Clark）、美国航空（American Airlines）、西南航空（Southwest Airlines）、玫琳凯（Mary Kay）、7-Eleven等20多家世界500强公司的城市。在我加入该俱乐部之前，这里最年轻的成员是36岁，大部分人是45~60岁，大概是我父辈的年纪。每个周三早上我们在俱乐部开早餐会，楼上就是美国第43任总统小布什的办公室。加入俱乐部的第一年，每周三早上踏入俱乐部时，我闻到的是吐司、鸡蛋饼、咖啡的味道，面对着"you are

第一章 时代公式和全球创猎者

too young to be trusted"（你太年轻了，很难让人信任）的眼光，我开始热切地期待着头上长出白头发。这背后的逻辑很容易理解，在社会发展比较缓慢的情况下，年龄意味着阅历。但是，**社会发展缓慢的时代一去不复返了，论资排辈的时代逐渐远去了。**

2010 年，我 26 岁，在即将获得博士学位的时候，我得出下面几个结论：

- 我努力几年即将获得的博士学位，在未来也许并不重要。
- 未来无论去什么样的机构就职，都不会有真正意义上的安全和稳定。
- 没有一个国家是完美的，想让一个国家"照顾"我是不可能的。
- 论资排辈的时代已经远去了。

我把以上结论和我以前受到的教育和训导相对应，发现是**完全相反**的，如下表所示。

以前我被告知的	事实上是这样的
好好读书，一直读到博士	博士学位在未来也许并不重要
进入大学或大公司就职	未来无论去什么样的机构就职，都不会有真正意义上的安全和稳定
"老实"待在美国，那里有完美的福利制度	没有一个国家是完美的，想完全被一个国家"照顾"是不可能的
慢慢熬，顺着社会的"梯子"往上爬	论资排辈的时代已经远去了

全球创猎者

当时对未来的判断摧毁了我过去 20 多年的认知。

既然以往的认知已经不适应现在的世界,那么我只能自己去寻找出路。作为一个理科生,用一个公式来描述出路是我可以想到的最优美的事情。我的公式是:

$$时代能力 = 信动力 \times 实践国家的数目$$

信动力:将信息转化成行动的能力。

实践国家的数目:在不同的国家发现机会,实践自己想法的国家数目。数目越多,时代能力越高。

我坚信,这个时代,一个年轻人的核心竞争力和未来决定于他如何站在全球,甚至整个人类的层面灵敏和理性地去获取信息。他既要理解全球的大趋势,又要有能力将信息快速转化成行动,利用每个国家的特点,在不同的国家实践自己的想法。

拥有这个核心竞争力的年轻人,就可以享受这个时代最好的红利。

博士毕业以后,我严格按照这个公式规划自己的行动。从一开始的列书单读书,从各国不同的媒体获取信息,学习如何读政府和企业的数据,学习如何判断未来的趋势,到随后的旅行,学习如何像猎人一样观察一个国家的机会,学习如何快速进入一个国家和地区的社交网并建立可信赖的人脉,再到后来在不同的目标国家实践自己的想法,进行创业或者投资。

这条路并不好走，一开始我在很多国家吃过亏，甚至是大亏。我驶出了"避风港"，在不同的海域被风浪拍打过很多次，次数多到我自己都记不清。

但是6年的经历让我在面对未知的未来时无比平静、笃定和充满信心。因为我在时刻观察着未来的趋势，我知道如何把信息快速转化成行动，我知道商业的真实情况，我知道如何选择实践我想法的国家，我知道如何在不同的国家建立高质量的人脉。

这些才是这个时代的年轻人的核心竞争力。我总结的时代公式适用于任何一个愿意驶出"避风港"，去建立自己核心竞争力的年轻人。我相信未来会有更多的年轻人愿意走出已经不存在的"避风港"，通过自己的努力不断学习实践。这些年轻人会在全球范围内像猎人一样寻找创业机会，在不同的目标国家实践自己的想法。

我把这一群人叫作——全球创猎者。

全球创猎者里面的中国年轻人

我坚信，今后十年是中国作为世界强国崛起的十年。这十年是中国年轻人依托中国崛起，依靠中国的声誉、资金、市场、人才等资源在全世界范围内猎取创业机会的十年。

这将是全球创猎者的黄金十年。

2014年7月初的一个下午，我和太太骑马穿过秘鲁库斯科

（Cuzco）附近的安第斯山。阳光穿过白云洒在山尖上，散布在山谷中，这是我见过的最壮美的山景。为我们做导游的小伙子刚开始经营自己的旅行社，主营安第斯山骑马业务，我骑的这匹马就是他刚刚用赚来的钱买的，我太太骑的马则是他租用别人的。和所有愿意通过自己努力获得机会的年轻人一样，这个小伙子工作认真又热情。

旅行的前半段我一边看山景，一边在上坡下坡中和我的马较劲。后半段终于和马配合好了，我开始和导游小伙子聊天。我询问小伙子如何设计旅行路线、如何在网络上获取客户、如何获取高质量的客户，以及马匹维护和其他人工成本等。

晚上，我坐在太阳神殿的台阶上，我旁边坐着来自美国凤凰城的一对老夫妇。太阳神殿对面是一家意大利比萨店，当天晚上世界杯半决赛，荷兰对阵阿根廷，载满身穿蓝白条纹衫的阿根廷球迷的大巴车在广场上一圈圈地绕着，到处是喇叭声。我打开笔记本电脑，回顾我收集的一些当地旅游行业的信息。

南美洲长期以来留给我的印象是"地球上的城乡接合部"，南美游对中国游客来说偏小众。但我相信，南美洲丰富的旅游资源会被挖掘，南美游很快会受到关注和欢迎。

从某方面来说，人类的历史就是"猎人"探索世界的历史。在狩猎和采集的时代，猎人们比采集者活动的区域更广，但是同时也受到很多因素的影响，诸如：是否记得往回去的路，被探索区域是否是猎物活动的区域，距离是否太远而不利于把猎物拖回等。随着

第一章　时代公式和全球创猎者

人类进入农业时代，社会资源出现剩余，以便人类可以进行更多的探索，这个时候的猎人转型成为学者、艺术家、法律制定者、宗教传播者和军人等。

最突出的体现是：**随着人类文明开始连接融合，历史上出现了不同的超级强国。每一个超级强国的崛起会催生一批"猎人"。这些人依靠快速崛起的国家的市场、资金、人才、声誉，走得更远，在世界范围内进行探索、寻找机会。**

秘鲁就是一个最好的例子。

1532年11月15日晚上，西班牙将领弗兰西斯科·皮萨罗（Francisco Pizarro）和他带领的168名西班牙士兵驻扎在秘鲁高原城市卡哈马卡的广场上，等待印加帝国的国王阿塔瓦尔帕（Atahuallpa）的接见。

对于这些西班牙人来说，那一定是一个漫长得让人绝望的夜晚。他们和周边最近的西班牙人聚集点——巴拿马相距超过1 600千米，而且无法联络，没有任何获得增援的希望。

即将见面的双方的地位更是相差悬殊：皮萨罗大字不识，是一个军官的私生子。他带领的只有168人的部队面对的是强大的印加帝国。印加人信仰太阳神，政教合一，国王也是宗教领袖。即将要接见他们的国王阿塔瓦尔帕被印加人奉为太阳神，是这个帝国的绝对权威。

比双方地位相差更悬殊的是兵力。皮萨罗一共有168名士兵，

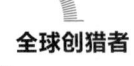

但是国王阿塔瓦尔帕有8万士兵。印加士兵的帐篷遍布在卡哈马卡周围的山坡上。

这一切的悬殊就好像是为了铺垫一个无厘头的开始。在两个领导人见面后，西班牙人俘虏了印加国王。随后就是闻名世界的敲诈勒索：西班牙人需要总共可以装满长6.7米、宽5.2米、高超过2.5米屋子的黄金作为赎金。赎金交付后，西班牙人却撕票了。随后印加帝国逐步走向灭亡。这是人们万万没有想到的。

在《枪炮、病菌与钢铁》（*Guns, Germs and Steel：The Fates of Human Societies*）中，作者把这一惊人转折产生的原因归结为西班牙精良的军事装备、病菌和航海技术。

这可以看成，皮萨罗作为一个"猎人"依靠当时快速崛起的西班牙，利用先进的军事装备、病菌、航海技术在全世界范围内猎取机会的一个案例。

这只是过去几千年中的许多经典案例中的一个。

罗马帝国、奥斯曼帝国、波斯帝国、阿拉伯帝国、葡萄牙、西班牙、荷兰、英国、法国、美国……都有类似的案例。

今天，我们比过去任何时刻都更容易到达地球上的任一地方。从北上广出发，加上转机休息时间，我可以在30个小时内到达大部分国家的一线和二线城市。我再也不用像皮萨罗一样跋山涉水、翻山越岭去寻找机会。

我们也比过去任何时刻都更容易地获取全世界的信息。在这个

第一章　时代公式和全球创猎者

时代,我与这个世界公开发布的信息之间只相差几次点击。感谢基于大数据的自动翻译,我甚至不会受到语言的限制。这不仅对500年前的皮萨罗,甚至对10年前的我们来说都是不可思议的。

我们还比过去任何时刻都更容易地和地球上其他地方的人进行交流。互联网上的公开信息只是这个世界上所有信息的一小部分,更多有价值的信息在人的脑中,也许是在街头那些根本不会使用互联网发布信息的人的脑中,也许是在企业家、银行家等各类不愿意公开信息的行家的脑中。和这些人交流是发掘机会最重要的途径,感谢各类交流工具,使这个时代的交流成本变得极低。**在这个时代,"是否有交流的意愿"成为交流的门槛。**

经过几千年的发展,不计其数的产品不断被更新优化,人类可以更便捷地享受或使用,比萨、包子、汽车、电脑、手机、微信等都是这样的例子。

同时,这个星球经过人类几千年的建设,"使用"这个星球、发掘机会的门槛已变得很低,我们所在的这个星球正在更方便地为个人服务。在经历了狩猎和采集时代、农业时代、工业时代、信息时代后,接下来可以看成**"全世界为我所用时代"**。

在"全世界为我所用时代","使用"我们所在的这个星球的门槛极低。一个年轻人依靠快速崛起的强国来"使用"这个星球、猎取机会变得更加简单。

在过去几千年里,依靠快速崛起的强国在更广泛的范围内猎取

机会的"猎人"往往会带来杀戮和抢夺。发现机会、获取机会的方式可以用恺撒大帝的"我来过，我看见，我征服"来总结。

但是，这个时代对于创猎者来说，创造价值、交换共赢才是最好的方式。现代的创猎者应该奉行的是**"我来到，我交换，我添加价值"**。一切直接或者变相的掠夺方式都会适得其反。

国家引擎化

在探索信息世界的时候，我们有搜索引擎。在"全世界为我所用时代"，传统的国家逐渐变成我们探索这个世界的机会的引擎。

不同时代的创猎者面对的是不同的环境。这个时代的创猎者所面临的环境和过去相比，最大的不同是出现了互联网。

我们早上醒来用早餐O2O（Online To Offline，线上到线下）服务叫个早餐，下楼后叫好的车已经等着了，实在叫不到车也可以找个共享单车，在网站上买水果、小零食……我们被互联网被动改变的例子太多。

对于需要在全球范围内猎取机会的创猎者来说，理解互联网正在改变国家的定义，正在把国家引擎化，让国家成为个人引擎和助力器的意义才是最重要的。

几千年来，对国家的传统的定义是什么？

在维基百科（Wikipedia）上，国家的定义是："从广义的角度，

第一章 时代公式和全球创猎者

国家是指拥有共同的语言、文化、种族、血统、领土、政权或者历史的社会群体。从狭义的角度,国家是一定范围内的人群所形成的共同体。"

这个世界大部分人一生下来,就和某一个国家绑定了,是"某国"人了。而这个世界已经逐渐稳定成了一些国家的组合,所以**个人和这个世界打交道是以"国家"作为"基础接口"的。**

例如,可以去哪儿取决于你是哪国人。比如新加坡有一个免签国家名单,而新加坡人去免签名单以外的国家需要申请签证。

例如,你发掘什么机会取决于你是哪国人。举个例子,我看到了东欧各国对性价比高的智能手机有需求。我获得了两个手机品牌在某两个小国的独家代理权,但是在当地设立公司、开设银行账户、纳税等都会因为我是一个外国人而需要耗费更多的精力和资金。

在过去的几千年里,一个公民对国家的需求大部分限于国内。国内需要有好的基础设施、稳定的教育体系、完善的金融体系,以及公平的法治体系。所以国家对公民的服务主要表现在:搭建国内基础设施,建立稳定的教育体系,打造完善的金融体系,构建公平的法治体系。

但是我们进入了"全世界为我所用时代",越来越多的创猎者需要在全球范围内猎取创业机会。当这个需求越来越明确的时候,一些国家开始把自己打造成一个引擎,用更有效的方式帮助更多的人走出去,在全世界范围内探索机会。

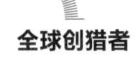

爱沙尼亚的"电子居民"项目就是一个非常好的例子。

爱沙尼亚政府在 2014 年年底向全世界开放爱沙尼亚"电子居民"（e-resident）申请，成为世界上第一个尝试"电子居民"项目的国家。

我认为这是爱沙尼亚政府一个非常有趣的尝试。爱沙尼亚政府把原来服务于本国国民但可以数字化的公共资源剥离，对全世界开放。

目前，爱沙尼亚开放的数字化公共资源主要包括线上工商政府服务。所有成为爱沙尼亚"电子居民"的人在世界任何地方都可以方便地注册爱沙尼亚公司、开设银行账户、远程管理员工、快速完成纳税流程、完成电子合同的多方签字。

网络上关于爱沙尼亚"电子居民"项目的一些讨论，依然集中在电子居民是否算是签证，是否可以通过"电子居民"项目获得真正签证。我在申请爱沙尼亚"电子居民"的过程中和爱沙尼亚使馆人员关于"电子居民"这个名字进行了深入的探讨。

我觉得因为大家原来对传统国家的认知，"电子居民"这个名字很大程度上造成大家对爱沙尼亚"电子居民"项目的误解。

爱沙尼亚的"电子居民"项目和传统的国家设置没有任何联系，电子居民和现实中的居民没有任何联系，所以也和现实中的签证、护照没有任何关系。我更愿意把"电子居民"项目理解成为一个俱乐部，所有加入俱乐部的成员都可以使用爱沙尼亚政府提供的数字

第一章 时代公式和全球创猎者

化基础设施，在全世界范围内猎取机会。

爱沙尼亚政府的"电子居民"项目是一个伟大的尝试，无论是对政府的领导者还是对个人都有启示。

对政府的领导者来说，一个国家的未来竞争力除了经济实力、军事实力、政治实力，也许还包括这个国家在全世界范围内是否是一个强大的引擎。这个国家是否可以把自己的部分公共资源数字化，公开给全世界的人才使用，让全世界的人才可以依靠一个国家的公共资源创造更好的未来。越多的人才把一个国家作为个人引擎使用、探索机会，为这个国家添加价值，这个国家才会越强盛，同时也会成为更好的个人引擎。我们做一个有意思的假设，如果我们的政府把部分可以数字化的公共资源开放，比如允许线上注册公司、开设中国的银行账户等。那些看到中国机会的人才一定会用各种方式把中国作为个人引擎。他们可能会在线上购物平台天猫上开店、卖自己国家最好的货物，可能会在线上二手商品交易平台闲鱼上卖自己不用的东西……这些可能性有成千上万种。最重要的是，他们不必来中国，但是可以依靠中国的市场、资本、人才，非常方便地把中国当作一个探索更多机会的引擎。在使用"中国引擎"的过程中，也会让中国更加开放、强大。

对个人来说，在信息时代可以选择不同的搜索引擎，不同领域甚至有不同的信息搜索引擎，熟练掌握这些搜索引擎可以在信息时代获得青睐。在"全世界为我所用时代"，把国家作为个人引擎，理解不同引擎的区别和优势，学会像使用引擎一样"使用"一个国家会获得这个时代的青睐。在可预见的未来，我相信越来越多的国家会剥离数字层面的公共资源提供给全世界的人使用。作为一个"全世界为我所用时代"的人，居住地、创业目标市场所在地、员工居住的地点、投资地点等可以完全不在同一个地点。我可以做中国市场的生意，在世界各地有自己的团队，在大陆设置服务器，在国外开设银行账户，也可以在瑞士投资贵金属，在拉美和波罗的海三国投资高科技企业……

事实上，国家是探索这个世界的一个引擎。今后的十年是中国崛起的十年，所有读到这本书的人，你们的引擎，在今后很长一段时间内会很强大。

第二章

信动力：和时代同频是革命性的进步

第二章　信动力：和时代同频是革命性的进步

信息对于创猎者来说是什么

> 这个时代的核心能力就是信动力，用信动力和时代保持同频是革命性的进步。

在定义信动力之前，我们先看看"信息"，什么是信息？如何理解"信息"？

很多时候，我们对每天说的词汇事实上没有明确的定义。比如我们每天都受到"信息"的轰炸，那么什么是"信息"？信息的表现形式很多，载体很多，分类不计其数，有狭义的定义，也有哲学层面的定义。

作为一个全球创猎者，我对信息的定义是：用媒体角度包装过的变化。我每天看到的绝大部分的内容，都是一系列的变化，媒体站在它们的角度把这一系列的变化包装起来送到我们面前。我这里所说的媒体，包括一切传播信息的载体。如下页图所示。

```
                    ● 媒体角度

                    ● 变化
```

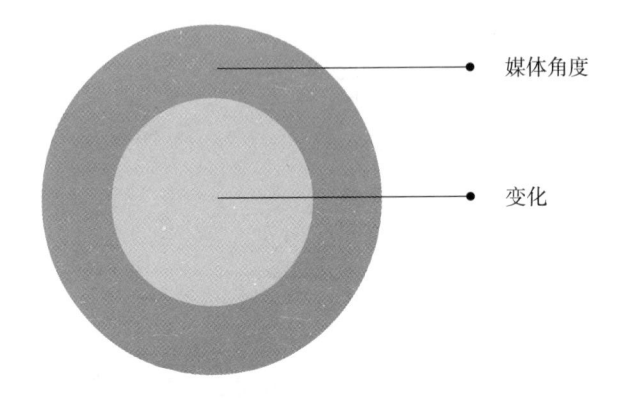

大部分媒体，尤其是主流媒体会说自己输出的信息"真实、客观、全面"。我并不是质疑媒体会虚构情节，只是很多媒体以及从业人员都会受限于各种规则、社会背景，有的从业人员甚至受限于自身的教育背景以及经济地位。新闻记者和编辑大多数情况下和自己的目标传播受众有相同的文化、政治观点、价值观、宗教信仰等。所以同样一系列的行动在不同国家和文化中的报道有巨大差异，这是很自然的事情。

我们先看一下下页的图。左面是一个灰色的圆圈，我们假设这是媒体从发现的"所有"事实来做的一个"真实、客观、全面"的深度报道。可是，真正的"真实、客观、全面"需要考虑所有的因素，了解现在这个世界真正的样子。我们打个比喻，假设这个世界的全貌是一只猫，真正"真实、客观、全面"的报道是在了解了这只猫的样子以后的报道。

做新闻和记录历史的逻辑相通，就算记录了非常大量的背景信

第二章　信动力：和时代同频是革命性的进步

我们看到的信息只是一小部分

息，也只可以在有限的时间和空间内呈现出来，结果都是一样的，大部分的"事实"无法提到，实际上也没有人可以了解大部分的事实。对于一个历史事件，没有人可以还原所有的背景。对于一家媒体报道的信息，没有任何人、没有任何可能性可以了解这个世界在某一刻都发生了什么。所以，"真实、客观、全面"只是人们一厢情愿的想法，任何一条信息都是片面的。

和世界同频才是目标

"真实、客观、全面"不只是人们一厢情愿的想法，无论大家是否说出口，"真实、客观、全面地了解这个世界和时代"被很多人设置成目标。尤其是在过去的两年里，大众焦虑日益加深，同时知识

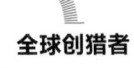

付费兴起，一个个读书社群、知识付费社群涌现。这背后的逻辑很清楚：帮你读书，短时间告诉你更多的知识，有助你更加真实、客观、全面地了解你的处境，了解世界和这个时代，从而消除焦虑。

根据上页的图，大部分人读信息的目标就是从各个方面了解那只"猫"，可是没有任何一个人可以做到。越是博学的人越知道自己无法全面了解所有的事情，越能心态平和地接受未知。苏格拉底说的"知道得越多，才知知道得越少"和爱因斯坦说的"我知道得越多，我对我的知识越不确定"都是这个意思。

"真实、客观、全面地了解这个世界和时代"本身是一个非常错误的目标。定错了目标，越读信息，越焦虑。

而且更重要的是，那些注定我们无法了解的未知又在快速地变化。如果按照上面的比喻，这个世界可能在极快地从一只猫变成一只鸟，然后变成一只狗，如下图所示。当然，这只是一个形象的比喻，背后的意思是我们无从了解某一个时刻世界的真实面貌。唯一可以确定的是：我们生活在巨大的未知中，我们无法全面了解这些未知，这些未知在快速变化。

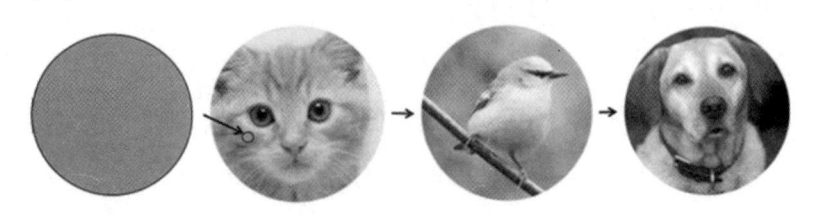

我们看到的信息只是一小部分，而大部分的未知还在快速变化着

第二章　信动力：和时代同频是革命性的进步

"真实、客观、全面"地了解这个世界本身是看起来很美，但这是一个不可能完成的伪目标。一切尝试完成这个目标的行为都会加深一个人的焦虑。

不要误会我，我不是说读书无用、进入付费知识社群无用。恰恰相反，毕业以后我每年在购买知识、自我教育上的投入非常多。既然所有的信息都是片面的，既然无法"真实、客观、全面"地了解世界，为什么还要去读信息？

读信息的目的是把信息转化成行动，和世界的变化保持同频。

如果目标是全面了解世界，当拿到新信息时，人们会把新的知识添加到自己的认知中，尝试更全面、详细地描述这个世界。这样的情况下，人和世界是"认知和被认知"的关系，随着了解的知识越来越多，一个人现有的认知会不停地固化。这一类人可能是靠着读书来做研究的学者、是闷头学习的学生、是想只靠购买知识消除焦虑的中产阶级，或是那些走过大江大河、不同国家却只体验风土人情的旅行家。

如果目标是和这个快速变化的世界同频，当拿到新信息时，人们的第一反应会是自己应该采取什么行动？在快速把信息转化成行动的过程中，人和世界不仅仅是"认知和被认知"的关系，而是互动的关系，最终结果是人可以和世界同频，甚至可以引领世界的变化。这一类人是那些不断实践自己理论的学者、创业者、企业家，以及依靠大国崛起的环境，在全球范围内猎取机会的全球创猎者。具体区别如下页表所示。

目标	如何处理新信息	和世界的关系	结果	人群
全面地了解世界	把新的信息添加到自己的认知中，尝试更全面地了解世界	静态地理解	固化的认知	没有实践的学者 只学习的学生 购买知识的中产阶级 纯体验式的旅行家等
和世界变化同频	考虑自己下一步的行动是什么	动态地和世界交互	和世界变化同频，甚至引领变化	实践自己理论的学者 创业者 企业家 全球创猎者等

核心能力：信动力

对于创猎者来说，这个时代的核心能力是信动力。把信息转化成为行动需要清楚媒体的角度和观点，然后剥离媒体的角度和观点，自己进行理解并转化成行动。

如何剥离媒体的角度和观点？

在理查德·保罗（Richard Paul）和琳达·埃尔德（Linda Elder）写的《批判性思维工具》（Critical Thinking: Tools for Taking Charge of Your Learning and Your Life）一书中，有判断媒体信息的工具，我从中受益匪浅，和大家分享。

想摆脱媒体的羁绊需要摆脱一个人阅读和判断的潜意识。一般

第二章　信动力：和时代同频是革命性的进步

情况下，一个人的潜意识是这样的：

如果我相信它，它就是真实的。
如果我们相信它，它就是真实的。
如果我们想相信它，它就是真实的。
如果相信它符合我们自身的利益，它就是真实的。

媒体输出信息的逻辑是：

从我们的角度看，事情是这样的，那么事情就是这个样的。
如果有事实支持我们的观点，那么，这些就是最重要的事实。
最能引发读者的兴趣、激发他们情绪的故事是新闻中最重要的故事。

创猎者们需要用下面的标准处理信息：

我相信它，但是它未必是真实的。
我们相信它，但是我们也许是错的。
我们想相信它，但是这也许是我们内心愿望产生的偏见。
相信它符合我们最大的利益，但是我们的利益和它是否真实无关。

只有这样，才可以从媒体的逻辑中解脱出来。

世界不是平的，我们在为每条信息买单

我的个人经验让我相信世界不是平的，几乎每个行业都是少数人掌控着头部信息，信息世界尤其如此。我希望你们能闭上眼睛回想一下一天所接触的信息：早上起来，睁开眼，打开手机，点开微信，看看信息、朋友圈、微信订阅号，再看看少数几个新闻客户端。出门后电梯里面的广告开始围绕着你。上班路上陪你度过的也许是广播，也许是手机里的一本书，也许是地铁里面的广告。一天的工作被本行业内的信息围绕。晚上到家，打开手机看看微信，或者看看手边的书。这是很多现代人的生活。和信息泛滥形成鲜明对比的是匮乏的头部信息。

我们所看到的每一条信息都是别人想让我们看到的。我们看到的大部分信息都有成本，我们得为信息买单。买单的方式可以很直接，不断地投入时间、精力、金钱，进入有影响力的社交网，将饭桌上听到的信息转化成财富；也可以很间接，大部分商业媒体做的都是贩卖注意力的生意，在你浏览信息的时候，你的部分注意力被卖给了广告商，而广告商总会想方设法让你买单。

因为信息世界不是平的，每个信息都有传播成本，创猎者需要不断地拓宽自己的信息渠道，并且积极主动地发掘那些因为无法承担传播成本而未能到达你面前的信息。

第二章　信动力：和时代同频是革命性的进步

我建议创猎者在收到新的信息时，按照下面的"信息处理清单"所列的问题处理信息。

信息处理清单

第一部分：

信息源是哪个国家的？

信息源是否是商业的？

信息源的读者群体是谁？

信息所描述的变化是什么？

信息所描述的变化涉及哪些人群？

第二部分：

报道这个信息的媒体站在什么角度？

我是否有不同的信息源？

这些报道角度之间有什么相同之处和不同之处？

我是否有意识地用下面的标准来规范自己的思维？

  我相信它，但是它未必是真的。

  我相信它，但我也许是错的。

  我想相信它，但是这也许是我内心愿望产生的偏见。

  相信它符合我最大的利益，但是我的利益和它是否真实无关。

第三部分：
我自己对这件事情的看法是什么？
我的看法是否对某些人有用？
这个变化会影响哪些人群，影响什么事情？
这个变化产生的机会是什么？
目前的我是否可以得到这个机会？
如果针对这个信息一定要有所行动，那么这个行动是什么？
这个行动是否真的可以添加价值？

为了方便练习，我把这个长长的清单分成了三个部分。对于刚开始用这个清单处理信息的人来说，我建议一开始只问自己第一部分中的某些问题。当慢慢形成习惯，如拿到信息后会自然地用第一部分中的问题进行评估时，再加上第二部分中的一些问题进行评估。

我鼓励每一个创猎者不断地练习，让这个信息处理清单上的问题深深地印入你的潜意识，当拿到一个信息时可以下意识地用信息处理清单来完成信息的处理。

这样，可以促使每一条信息快速地转化成行动。

高效地获取信息后转化成行动并和这个世界同频，是这一代人革命性的进步。

总结

- 信息是"用媒体角度包装过的变化"。
- 没有完全"真实、客观、全面"的信息。
- 通过获得信息，尝试了解"真实、客观、全面"的世界本身是一个错误的目标，和世界同频才是正确的目标。
- 对创猎者来说，这个时代的核心能力是信动力，即把信息转化成行动的能力。把信息转化成行动需要认清媒体的角度和观点，然后剥离媒体的角度和观点，自己进行理解并转化成行动。
- 信息世界不是平的，我们在为每条信息买单。每个信息都有传播成本，创猎者需要不断地拓宽自己的信息渠道，并且积极主动地发掘那些因为无法承担传播成本而未能到达其面前的信息。
- 创猎者需要不断练习，让信息处理清单上的问题深深地印入潜意识，当拿到一个信息的时候可以下意识地用信息处理清单来完成信息的处理。
- 高效地获取信息后转化成行动并和这个世界同频，是这一代人革命性的进步。

第三章

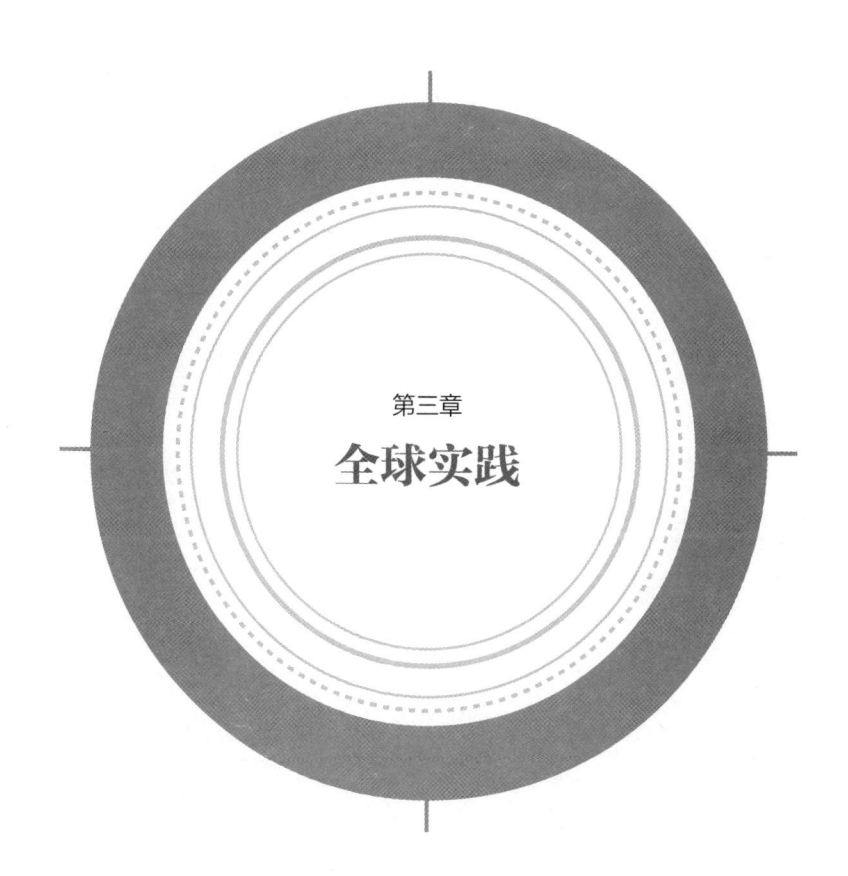

全球实践

第三章　全球实践

智利：机会在聚光灯之外

发现智利

如果你过去几年读过我的文章的话，你一定知道我一直把吉姆·罗杰斯（Jim Rogers）作为我的导师之一。毫不夸张地说，吉姆·罗杰斯的《罗杰斯环球投资旅行》（*On The Road With Jim Rogers Investment Biker*）及他的其他书籍，带我进入了另一个世界。我建议所有本书的读者都去仔细读一读吉姆·罗杰斯的书。这个伟大的传奇投资家、旅行家的思想和行为准则，值得我们每个人去学习。

找到你的导师、你要学习的偶像，尝试去深度挖掘他们的思想，研究他们的行为准则，学习他们的最新思想，用他们的标准要求自己，这是我认为一个人最好的成长方式。

从2009年开始，我开始用谷歌快讯（Google Alerts）来跟踪吉姆·罗杰斯的最新动向。他的思考和行动方式总是不断地给我启发。大约在2012年年初，我的谷歌快讯里面出现了一篇关于吉姆·罗杰斯的报道，这篇报道的标题——《吉姆·罗杰斯：农场主未来会开

全球创猎者

上兰博基尼》① 引起了我的注意。

首先，这个观点和我原有的认知相冲突。我对中国农业的认识还停留在小农时代，虽然在美国我也认识一些农场主，但是他们离开上兰博基尼也还有一段距离。其次，我知道吉姆·罗杰斯一旦说出什么，背后一定有他的逻辑。

随后一段时间，我尝试找到网上所有吉姆·罗杰斯关于未来农业的观点，按照吉姆·罗杰斯的思路搜集信息来验证这个想法。对于一个拥有数学和计算机专业背景的理工男，没有比收集信息、建模并不断优化自己的模型更愉快的事情了。

我们每个人都有喜欢的偶像和意见领袖。如果一个人的思想对你有启发，我强烈建议使用互联网工具（比如谷歌快讯）设立对这个人的信息触发机制，不断捕捉这个人的最新思想，自己进行深度分析和实地考察，看是否有适合自己的机会。

我想和读者们一起来还原我验证吉姆·罗杰斯这个想法的建模过程，请紧跟我的思路，你也许会有所启发。

假设一：我们把情况简单化，假设我们所说的农业只是针对人的，也就是说假设在我们的模型里面农业所种植的食物都是提供给人食用的。

---

① 资料来源：https://www.howwemadeitinafrica.com/farmers-are-going-to-be-driving-lamborghini%E2%80%99s-says-investor-jim-rogers/。

第三章 全球实践

根据数据显示,全球2016年净人口增长大约8 300万,即每天会新增22.6万人。[①] 如果大家想感受一下这个世界的人口增长速度,可以自行查阅资料。

假设二:稻子是地球上较高产、热量较高的农作物之一,我们假设新出生的人很可怜地没有牛排吃、没有大盘鸡吃、没有羊肉串吃、没有蔬菜沙拉吃,他们此生只能吃地球上最容易喂饱他们的食物——大米。在这样最简单的假设下,新增人口需要的土地数目最少。

假设三:根据英国国家健康服务部门(National Health Service)的数据,一个普通男性每天需要2 500卡路里的热量来维持体重,一个普通女性每天需要2 000卡路里的热量来维持体重。美国相关部门建议的数据是男性每天需要2 700卡路里的热量,女性每天需要2 200卡路里的热量。一个人需要的热量当然随着年龄、体重的具体情况而定,我们在这里简单地把地球每天新增加的人每人每天需要的热量设定为2 000卡路里。[②]

假设四:使用最新技术。因为大米是地球上主要的食物,人们一直在尝试提高其亩产量。中国为了用有限的土地养活世界上最多的人口,从新中国成立初期就在全力研究水稻种植技术。袁隆平的

[①] 资料来源:http://www.worldometers.info/world-population/。
[②] 资料来源:http://www.medicalnewstoday.com/articles/245588.php。

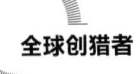

杂交稻研究在中国具有开创性的成果。

假设五：所有长在地里的稻子完全被收割，不考虑中间的损失，不考虑脱壳等引起的重量损失。也就是说，假设 1 公顷土地产出的 23 吨稻子被做成米饭一粒不剩地放在碗里。

假设六：每一克大米提供的热量不同，我们选取一个平均值——1.3 卡路里，即我们假设一克大米提供 1.3 卡路里热量。那么 1 公顷土地的大米每年可以产生 50 万卡路里热量，平均到每天就是 6 300 卡路里热量。

那么每天需要新增多少土地来养活新增的人口？

$$每天需要新增的土地数量 = \frac{每天新增的人口 \times 每人每天需要的热量}{每公顷大米每天产生的热量}$$

$$= \frac{226\,000 \times 2\,000}{6\,300}$$

$$\approx 71\,746 \text{ 公顷}$$

可以想象，如果地球有一个大大的餐桌，每一天就需要多为 22.6 万的人添加餐具，为了喂饱这每天新增的 22.6 万人，每天我们需要在地球上新增 71 746 公顷的土地种粮食。

对我来说，这是一个极简单和乐观的判断，没有人会一直吃大米。其他很多食品，每公顷产出的食物热量都比稻子少很多，所以相应要求更多的土地资源。另外，稻子在收割的时候会有损失，也不可能所有的国家都有超级稻技术。

第三章　全球实践

而且更多的因素还没有加入其中，如全球可耕种的土地资源不断减少、全世界范围内的气候不稳定、土壤污染、水资源短缺、政府过度干预等。

一切都指向：**更多的需求，更少的供给，不稳定的状态。**

至此我不打算继续深入下去，毕竟这不是一本讨论全球农业的书。我把这个简单的模型写下来是为了告诉大家两件事情。

第一，分析那些看起来非常复杂的问题、发掘商业机会没有你想象的那么难。使用小学数学的加减乘除可以完成一个极简的模型，这在大多数情况下已经可以判断大趋势。最大的难事是如何考虑现实的状况，找到不同因素之间的联系，以及获取真实的数据和信息。

第二，那些整个人类面临的严峻考验就在我们身边。城市为人们提供便利的同时让人们失去了对这些考验的敏感性。按下按钮就有灯光，来到超市货架前就有我们想要的物品，饿了可以手机点餐，我们大部分人认为这是理所当然的。我特别希望用这一小段文字提醒大家，所有人类面临的考验正在紧紧跟着我们。关于食物，就算我们没有打算进入新农业、新食品行业，至少我们可以珍惜碗中的食物。

吉姆·罗杰斯建议在亚洲、非洲、南美洲发展农业。2012年年底，我发现他要在智利参加一个会议，其间会深入讨论智利的农业，我毫不犹豫地买了去智利的机票。

全球创猎者

从此,智利出现在我的创猎"雷达"上。

一个创猎者脑中的国家画像

我们开始做一个练习吧。

一个全球创猎者的最核心能力是:来到一个全新的国家,通过收集数据画出这个国家的画像,在实践的过程中不断让这个国家的画像变得生动具体,进而总结出如何结合自己的优势更好地利用这个国家的特点。

智利是在我博士毕业以后第一个引起我注意的国家,原因是全球食品供给的大趋势:更多的需求,更少的供给,不稳定的状态。经过不断地实地考察,我认为在智利收购农场对于当时的我来说不是一个最优的选择。

虽然我发现最初吸引我来到这个国家的原因不是最优的选择,但是在实地考察的过程中,我认识了许多不同阶层、不同行业的人,所收集的信息使这个国家的画像在我脑中不断变得生动具体。

在这一章,我会描绘出我脑中的智利画像。在开始之前,我想和你们达成一个默契:当开始了解一个全新事物时,以前的知识体系、价值观、世界观都是束缚,请你们尝试摆脱它们。

作为一个全球创猎者来到一个新的国家,事实上是一个建立全新认知的过程,最完美的状态是像婴儿一样吸收信息、理解信息。采用以往的知识体系、价值观、世界观进行比较、判断都浪费了一

第三章 全球实践

个全新环境促使你们进行自我提升的可能性。例如,我们小时候刚开始学英文的时候都见过有人用汉语标注英文,如"How are you"被标注为"豪啊油",这样的方法看起来简单有效,但我们都知道这样的方式不可能学好英文。

在读这章的过程中,我希望你们站在一个自我觉知的高度,时刻审视自己的念头,一旦闪过"哦,这真糟糕""这么做不对"的念头,就在书的空白处画上一笔。如果此类念头闪过,就说明你们在用以往的观念来判断新事物。每次这样的念头闪过,很可能会让你们对新事物的真正客观存在产生认知扭曲。

最后,我想提醒读者,请不要用读游记的心态去阅读下面的内容。下面我写的无论是亲身的感受,还是相关的历史、政治、文化,所有的信息都是为了让智利这个国家画像在我脑中更加形象具体,从而可以在这个国家发掘机会,更好地让这个国家为我所用。请用创猎者的心态阅读下面的内容。

智利国家画像

智利是拉美目前较为安全、稳定、繁荣的国家,拥有大约 1 700 万人口。在这 1 700 万人中,大约有 50% 的人居住在首都圣地亚哥,10% 的人住在圣地亚哥以西的沿海城市瓦尔帕莱索(Valparaíso),剩下的人口集中在剩下的六七个城市。我在智利 60% 以上的时间都是在其首都圣地亚哥,圣地亚哥的气候像极了美国加利福尼亚州

（简称加州），走在圣地亚哥东区，尤其是在维塔库拉（Vitacura），阳光、建筑、身边的人会让我觉得自己在加州。

如果你热爱自然风景，那么无论是北部的沙漠、盐湖，中部的加州气候和葡萄酒庄，还是南部连绵不断的湖区以及美得让人窒息的冰川，智利都会让你惊喜连连。智利的版图非常像一个长长的巧克力棒，在智利，我可以早上去爬山、骑越野摩托车，下午去海边。

再次提醒，我不是在写游记。国家的每一个特性代表着非常特殊的商业机会。对于处于南半球的智利而言，丰富的旅游资源和特殊的地理特征，吸引着大量的游客以及想在拉美寻找商业机会的创业者。

智利是拉美非常富有的国家，但是智利的财富分配差异极大。大约80%的智利人每个月收入少于800美元，大约50%智利人的收入徘徊在政府规定的最低收入水平线。智利的经济非常依赖自然资源，它是拉美第一铜矿出口国，其国内生产总值（GDP）的50%以上来自铜矿行业，除此之外，渔业、水果和葡萄酒三个行业占据了GDP的15%以上。

核心描述：隔绝

如果只能用两个字来描述智利的话，我一定会选择：隔绝。如果只能用四个字来描述智利的话，我一定会选择：与世隔绝。这个狭长的国家的北部是全世界最干燥的沙漠，南部是大大小小的湖泊，

第三章　全球实践

东部是延绵不断的安第斯山脉，西部是广阔的南太平洋。

如果把视野再扩大一些，全球很多发达经济体与这个国家都距离很远。把智利的首都圣地亚哥作为目的地的话，从美国纽约和洛杉矶飞到此需要将近11个小时，就算从美国南部的达拉斯飞到此也需要将近9.5小时，从英国伦敦飞到此需要将近17个小时，从德国柏林飞到此需要将近19个小时，从西班牙马德里飞到此需要将近14个小时，从印度新德里飞到此需要将近27个小时，从澳大利亚悉尼飞到此需要将近16个小时，从中国北京飞到此需要将近26个小时。

智利是一个非常传统保守的国家。大部分的智利人都是天主教徒，在限定情况之外，堕胎至今依然是非法行为，避孕药直到2015年才可以直接购买。在这之前，如果一个智利女孩想购买避孕药，必须从自己的家庭医生那里获得处方，然后才可以在药店购买。如果家庭医生知道了她购买避孕药，那么意味着几乎整个家族都会得知这个消息，这对女孩子来说是一个最糟糕的选择。虽然2015年以后法律允许可以无须出示家庭医生的处方就购买避孕药，但是很多药店依然没有改变流程——要求购买避孕药的时候出示医生的处方。有人把婚姻比作围城，那么智利的婚姻堪称加厚围城。21世纪初离婚在智利才合法化。

传统保守的思想和态度已经渗透到社会的各个方面：工作、生活、恋爱、婚姻、政治、家庭、商业等。

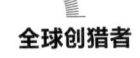

和传统保守同时存在的是阶级固化。在过去将近 8 年的时间里，我去过很多国家，尝试用创猎者的方式发现当地机会，并和当地不同阶层的人打交道。在我所去过的这些国家里面，如果有一个阶级固化的国家名单，智利绝对位列前三名。

我花了一些时间才了解了智利的阶级固化。2013 年我在智利做一个地产项目，晚上受邀参加了一个小型的聚会。主人来自巴西，而聚会的"主咖"（主要人物）是皮涅拉家族的何塞·皮涅拉（José Piñera）。何塞是智利经济学家，在皮诺切特内阁期间担任矿产部和劳工部部长，推进了劳动和社保改革，首次将退休金项目私有化。他的哥哥塞巴斯蒂安·皮涅拉（Sebastián Piñera）在 2010～2014 年担任智利总统，并于 2017 年当选智利新任总统。

聚会在拉斯孔德斯（Las Condes）一个高级公寓的天台上举行，和我所去过的其他国家的小型聚会没有太大区别，大家先是拿着酒杯围绕在"主咖"周围听他讲话，然后提问并交换名片。

当"主咖"离开后，参加聚会的不到 20 个人快速分成了三个小圈子。第一个圈子是所谓的智利"上流社会"的人，由一个做葡萄酒的家族成员和一个几乎垄断着智利零售业的家族成员组成。第二个圈子是智利本地"非上流社会"的人。第三个圈子是像我们这样的来智利的外国人。在"主咖"离开后的将近一个小时里面，前两个圈子的人没有任何交流。第一个圈子的人没有走到第二个圈子的人那里碰杯聊天，同样第二个圈子的人也没有主动接触第一个圈子

第三章　全球实践

的人，就算在拿食物和酒的地方碰到，两个圈子的人也只是礼貌地点个头，然后各自错开。这听起来像是一个很尴尬的场景，但是似乎两个圈子的人都表现得非常自得。

这样的聚会是智利社会的缩影：阶级固化。当两个陌生的智利人见面时，最初的问题就是家族姓氏、在什么地方读书、住在什么地方、在什么高尔夫球俱乐部打球等。通过这一系列的问题，双方就可以快速确认他们是否属于同一阶层。

阶级固化让每个阶层的人已经失去和另外阶层的人交流的意愿，同时相互也产生了不满。阶级固化不只表现在不同阶层情感上的分离，还表现在地理位置上。通往圣地亚哥东区拉斯孔德斯、拉德埃萨（La Dehesa）的山道上没有自行车的车道。巨大的超市、车行、健身中心、高级公寓、独栋别墅散落在高高低低的山坡上。住在这里的人无论从相貌上还是身形上看都像是欧洲人的后裔。智利深受德国文化的影响，在拉斯孔德斯、拉德埃萨的街道上，人、车和建筑经常让我觉得是在德国的汉诺威（Hannover）和杜塞尔多夫（Duesseldorf）。从拉斯孔德斯往西是普罗维登西亚（Providencia）。我问过不少于10个所谓的智利"上流社会"的朋友，普罗维登西亚几乎是他们在圣地亚哥去的最西面的地方。如果你从普罗维登西亚一直走到市中心，你可以明显感觉到人的变化，穿西装、扎领带、金发碧眼的人逐渐变少，街上的人穿着更加随意、皮肤颜色更深。

在智利待的时间越长，越可以感觉到不同阶层之间无论是在情

049

感上，还是在地理位置上已经隔离。因为长时间的隔离，各个阶层之间已经失去了沟通的意愿。

写到这里，我用了比较长的篇幅来描述智利的隔绝、传统保守和阶级固化，但我必须要强调一件事情，我无意进行任何评论。事实上，我强烈建议所有的全球创猎者把精力放在收集信息，更加形象具体地在脑中刻画国家形象上。无论在任何国家，作为一个外国人，我觉得对所在的那片土地的最大尊重就是给予更多的理解，尝试客观地描述，不做武断轻率的评价。**站在一个更高的层面上，不简单地把所看到的事情总结成好与坏，才有可能脱离人为制造的概念的束缚，才有可能脱离大众思想的束缚，成为一个独立思考、自由的人。**

传统保守和阶级固化是我观察到的关于智利的重要特性。这个特性深深地影响着智利的每一个人。如果创猎者了解一个国家的特性是如何影响一类人的决定，那么这个国家赋予创猎者的机会就会浮现出来。

传统保守和阶级固化是如何影响智利"上流社会"的人的？最大影响是让他们在商业上缺乏野心。

在过去的近 8 年时间里，我和很多优秀的企业家共事过。这一群人身上共同的特点是希望把一项事业做得更好，把自己的企业带向下一个目标，并愿意为这个目标付出更多的努力。在美国亚利桑那州拥有最大连锁车行的企业家想着如何进入得克萨斯州市场；在

第三章　全球实践

新加坡做贵金属存放的企业家想着如何提高金币检验的自动化程度；从印度进口香料的企业家想着是否可以扩充品类；在爱沙尼亚做互联网金融的企业家想着如何提高市场占有率……无论目标是什么，这些企业家愿意去尝试新的方法，跨界进入新的领域，承担风险，付出努力来达到自己的目标。

但是根据我个人的经验，智利"上流社会"的人缺乏这样的野心。拥有智利第二大超市的企业不会激进地扩大市场成为第一，市场份额排名第三的银行不会力求提供更好的服务变成第二。不要误解我的意思，我并不是说这些企业家完全不做任何事情、每天坐在办公室中等钱掉下来，而是相对于我所了解的其他国家的企业家，这些"上流社会"的企业家的竞争意识和对竞争的敏感度更低，没有太大的野心。

同时，与其他国家相比，智利的社会大众对白手起家进入"上流社会"的人的态度也不一样，无论是在欧洲、北美还是亚洲，人们都视那些白手起家、勤劳致富的人为英雄。人们把这些从头做起、从身无分文到积累大量财富的人视为偶像和学习的榜样。

但是在智利，大众对模范企业家、创业典范似乎并不关心。这一点我在读智利当地媒体报道的时候颇有感触。在中国、美国、欧洲各国，读者被各类融资报道、成功企业家的故事包围着。但是在智利当地的媒体报道中，很少看到关于创业创新成功的案例。就算有创业创新成功的案例、成功企业家的报道，也不会像在中国、美

国、欧洲各国一样引起巨大的反响。很多"上流社会"的企业家会轻视那些白手起家、快速积累财富的人。

那么，为什么智利的企业家相对缺乏野心？以下是我认为最重要的几点原因。

首先，来自外部国际化大公司的竞争很少。在拉美国家，相比墨西哥、哥伦比亚、巴西、阿根廷来说，智利是一个相对较小的市场，而且消费群体主要集中在圣地亚哥。所以当国际品牌进入拉美的时候首先会考虑市场比较大的国家，自己设立办公室。而如果进入市场较小的智利时，一般会考虑在智利找一个当地的独家代理，而不是自己设立办公室。这些独家代理权通常会被"上流社会"的家族成员拿下。在过去几年，我认识的智利"上流社会"的家族成员们代理了美国著名运动品牌、德国重型机械、日本刀具等。因为"上流社会"成员之间的紧密合作和对资源的掌控，这些成为代理的家族成员推广产品要容易得多。在智利，大量商品的销售渠道被几大零售家族把控，因为"上流社会"的家族成员更愿意和同一阶层的人做生意，所以拿下国际品牌智利独家代理权的"上流社会"的家族成员更容易通过这些销售渠道把自己的代理权转化成利润。

对于有能力进入核心社交网的全球创猎者来说，寻找中国优秀的本土品牌，找到智利的合伙人，是进入智利市场的一个好方法。同时，智利是整个拉美商业设施相对健全、经济较发达的国家。如果你拥有一个成熟品牌，又想进入拉美，智利是一个很好的切入点。

第三章 全球实践

其次,少数"上流社会"的人掌握着智利的核心商业资源。因为智利的大型产业有限,一般几个家族垄断一个产业。在智利,你会发现每一个产业内规模较大的公司或机构基本上就是3~4家,如3~4家大型超市,3~4家大型银行,3~4家大型药店,3~4家大型矿产公司……控制着大型产业的家族成员往往来自相同的小学、中学、大学,长大以后在相同的俱乐部打球。在这样的关系下,家族间的竞争势必会伤害彼此的利益,而且家族的成员很可能认识,甚至是朋友或者亲属的关系。所以,身处相同产业的家族更多是共同垄断这个产业,而不是相互竞争。同时,一个家族也很少"跨界"到其他领域。我经常和智利的朋友半开玩笑地说智利事实上非常像美国的乡村俱乐部(country club),成员从小就认识,圈子极小,彼此保护。2014年我和伙伴在圣地亚哥用了3天的时间尝试更加细化这个国家的画像。我们认为有大约40个家族掌握着智利的核心产业资源,从此这个群体被我们称为:Santiago 40(圣地亚哥40)。

"上流社会"的圈子小的另外一个影响是所有圈里人都极在乎声誉。好的方面是这个圈子里的人行事谨慎,彼此信任感极强,因为大家都知道进入这个圈子不易,所以很珍惜这个圈子带来的高质量人脉和背后的资源。不好的方面是他们过于珍惜声誉而导致不愿尝试新事物。如果一个家族的成员搞砸了一件事情,这个圈子里面的人很快会知道。由于失败的成本太高,所以一个家族的成员在刚刚步入社会的时候,家族并不会直接让其接触家族核心业务,而是把

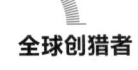

他/她放到其他公司锻炼，当家族确认其已有足够能力的时候，再将其调回运营家族核心业务。

最后，本土"非上流社会"的人成为企业家的难度很大。上文说过，虽然智利的人均 GDP 在拉美很高，但是贫富差距极大，大约 50% 的人的收入刚刚达到政府规定的最低收入，85% 的人月收入低于 950 美元，95% 的人月收入低于 1 500 美元。大部分人依然无法享受好的教育。同时智利的整个商业倾向于更加稳定的生意，对刚起步的公司并不友好。比如智利的付款期为 3~5 个月，而通常刚起步的公司至少需要半年才能回笼资金，所以筹集付款资金对一个底层的年轻人来说非常困难。

想象一下，作为一个智利"上流社会"的企业家，没有过多国际大公司与其竞争，与国内同阶层的人相互团结以确保共同的利益不受侵害，而本国创业者上升路径窄，又难以对其构成威胁。这就是他们没有野心的原因。

如果说传统保守和阶级固化让"上流社会"的企业家丧失了野心的话，那么对"非上流社会"的人的影响就是使他们对工作抱着敷衍了事的态度。

在所有优秀的企业里，创始人和管理团队把企业的愿景和使命准确地传递给员工，激励员工提供优质的服务。在智利，阶级固化让不同的阶级没有实质性的交流。企业员工不知道也没有兴趣了解企业的愿景和使命，企业向心力缺失。同时，大多数企业基层员工

第三章　全球实践

知道企业难以提供上升通道给他们，所以容易对工作抱得过且过、敷衍了事的态度。

魔幻经济学

我可以理解智利的传统保守和阶级固化，但有一件事情我至今依然深深地感到困惑：在智利做生意，究竟如何准确地判断对方的意图。

如果我在美国、中国、欧洲各国等地讨价还价，基本是这个过程：

买家：这个多少钱？

卖家：30万美元。

买家：22万美元卖吗？

……

几轮讨价还价之后，

卖家：25万美元，不能再低了。

买家：成交。

在智利会发生下面的情况：

买家：这个多少钱？

卖家：30万美元。

买家：22万美元卖吗？

卖家：35万美元！

买家：再见。

无论是我们投资房地产,还是我们投资的公司尝试和智利的大公司合作的时候,这样的状况发生过多次。最夸张的一次是2015年年中我和合伙人看中了靠近智利大学的4套小公寓。这4套公寓归一个智利人所有。打听到价钱以后,我们询问如果现金购买是否可以打折,半个小时后收到卖家回信,他把价格提高了60%。

60%!我和合伙人坐在办公室里,头脑都是凌乱的。

这是一个很典型的难以判断智利商家意图的案例,我的朋友斯金纳·莱恩(Skinner Layne)自创了一个词"Weonomics"来表示智利人在谈判过程中的奇特行为。鉴于我不能把这个词汇直接翻译成中文,所以我将其命名为:魔幻经济学。

斯金纳同时把智利人在谈判中的反馈及其意图总结成如下的表格。

表面回复	实际意思	原因	结果	发生频率
Yes	Yes	想尽快开始合作	开始合作	很少
Yes	No	不希望正面冲突,希望拖延下去,不了了之	浪费非常多的时间精力	经常发生,尤其在寻求客户服务时
No	No	完全不想合作	无须浪费时间,开始下一个谈判	很少
No	Yes	有可能合作,但是不愿意花费精力推进	需要主动推进	经常发生,尤其在寻求客户服务时

第三章　全球实践

以上是我关于智利的国家画像。这个画像只是一小部分，我并没有在政治、经济、税收、风俗等方面进行过多的描述。当创猎者完成国家画像时，就可以在此基础上寻找属于自己的机会。

对于所有刚刚接触"全球创猎"概念的读者，我强烈建议你们选择一个国家，画出这个国家的画像，我在第六章里面提供了步骤和工具。

破解国家密码

> 那些坚如磐石的成见，是创猎者的阶梯。

在读了上一节"一个创猎者脑中的国家画像"后，我希望读者置身判断之外。任何一个国家、社会、文化都有独特性，这种独特性深刻影响着这个国家、社会、文化下的人的思考方式和行为准则。但是，真实的世界却比某一个国家、社会、文化更加复杂和多元化。所以，创猎者在进入一个新的国家时，尽量不要用以前的观念去判断和比较。

我在上一节为了突出以往观念对我们的影响，用了一种比较极端的写法，写的都是智利"看起来不好"的方面，但事实上，这些"看起来不好"的事情只是一个客观存在的事实，没有对错之分。合

理利用这些事实来达到我们寻找机会的目的才是最重要的。

在本节，我罗列了一些"看起来不好"的事情，随后会介绍创猎者如何利用这些事实。

看起来"不好的"："上流社会"之间相互保护、阶级固化。

事实上：由于"上流社会"之间相互保护，整个国家非常安定。从20世纪80年代起，智利就是整个拉美相对稳定、安全的国家。这里没有成规模的黑帮、没有泛滥的毒品、没有街上乱飞的子弹、没有严重腐败的政府、没有可能瞬间贬到一文不值的货币。一个安全稳定的国家，是所有全球创猎者应该首先考虑的因素。

看起来"不好的"：阶级之间不相互交流。

事实上：智利的阶级固化主要表现在智利本地人中。来智利的外国人暂时不会受阶级固化的影响。就像我描述的聚会中，第一个"上流社会"的圈子和第二个"非上流社会"的圈子虽然没有交流，但第三个圈子的外国人可以与这两个阶层的圈子交流。这样的开放性也许是当地人一生都很难得到的机会。需要注意的是，作为一个外国人，一定要注意自己在全新环境中的自我定位。一旦你给自己在这个社会中找到了位置，也就进入了本地人已固化的阶级中。比如，如果一个外国人在智利找到一份工作，那么他/她自动就被归入了"非上流社会"，从此很多机会不会对其开放。

看起来"不好的"：很难进入核心社交网。

事实上：门槛是给跨不过去的人准备的。智利的核心社交网的

第三章 全球实践

确是非常难以进入的一个社交网。虽然作为一个外国人可以不受当地阶级观念的束缚,但是可以坐下来一起吃饭喝酒并不意味着这些人愿意和我做生意。建立信任的时间远比我想象的长太多。整整两年的时间,我所做的事情和商业机会都没有关系。这是一个很有意思的过程,双方似乎都不着急做一些和商业相关的事情,而是用各自的方式为对方添加价值,在此过程中了解彼此的性格并判断对方是否值得信任。两年之后当大家决定做一些事情的时候,已建立的高度信任感使一切变得非常顺利。

看起来"不好的":大家族的核心业务外人无法触碰。

事实上:智利的大型产业有限,每个产业又只由为数不多的几个大公司控制,这些大公司由为数不多的大家族控制。这些家族会像保护生命一样保护他们的核心业务,并对任何企图触碰他们核心业务的人敬而远之。但对核心业务以外的业务,他们非常开放。几年前"创业"在智利的关注度并不高,也并不在大家族的核心商业版图中。这几年间,我见证了智利在各个方面竭尽所能地推行"创业"概念,试图把智利打造成整个拉美最好的创业中心。Magma 基金是一个很好的例子[①],它是目前专注拉美最好的高科天使基金之一,而它的第一笔基金正是来自智利的家族办公室。

看起来"不好的":当地服务业的服务质量不好。

---

① 资料来源:http://magmapartners.com/。

事实上：这是一个对外来的服务者和创业者都非常好的机会。以餐饮业为例，在过去的两年里，有大量来自秘鲁、委内瑞拉、乌拉圭、阿根廷的服务员来到智利，他们热情、周到的服务使智利餐饮业的整体服务质量得到提升。我一直跟周围的朋友说，如果他们把一个餐饮品牌带到圣地亚哥，地点选在繁华的商贸区，他们会遇到整个国家消费力最高的群体，而他们的竞争对手的服务质量并不出色，他们只要保持正常水准的服务质量，便可以脱颖而出。

看起来"不好的"：企业主和雇员之间较少做到使命愿景的通达。

事实上：智利当地受过教育的雇员素质很高，他们追求稳定，而且愿意牺牲收入以加强稳定性。所以，当一个企业稳定性较高又愿意提供雇员更多长期保障时，它可以在智利以较低薪酬招聘到高素质人才。以一个商务拓展的职位为例，这个职位要求应聘人员具有英文和西班牙文的听说读写能力，并有两年的商务拓展经验。在美国聘用有这样能力和经验的人需要给予的年薪至少为7万美元，在智利只需要提供3.5万~4万美元的年薪就可以聘到。

我想用上面的例子说明，不要用以往的观念评价你所见的事情。每一个国家的特性，哪怕是那些看似坚如磐石的成见，都会成为你的阶梯。

在智利和拉美其他国家有许多非常好的机会，我选取其中一个来说明如何使国家的特点成为创猎者的阶梯。

第三章 全球实践

智利小户型房产投资

经过30年的快速增长,智利逐渐受到国际的关注和青睐。越来越多的学生来到智利求学,越来越多的高端职业人才来到智利工作,越来越多的创业者来到智利寻求创业机会。既然来了,就需要找房子住。

智利的硬件设施已经达到国际化水平,但服务业的服务质量还有待提高。以租房为例,目前智利没有可以透明的房源寻找系统,外国人难以快速地在当地开设银行账户,而且与水电网络公司的沟通依然存在较大的障碍。

我们提到过智利的"上流社会"和"非上流社会"的人不仅不常交流,而且在地理上两者也基本隔绝。"上流社会"的人大多居住在普罗维登西亚以东的区域,在普罗维登西亚以西及其到市中心的区域买房子,是他们几乎没有想过的事情。从2013年起,我们还没有见过当地"上流社会"的企业家在普罗维登西亚以西及其到市中心的区域进行大量地产投资。而普罗维登西亚以西及其到市中心的区域非常有拉美城市的味道,这里有茂盛的绿荫、有熙熙攘攘的人群、有卖稀奇古玩的跳蚤市场,有很好的治安,所以这个区域恰好成了学生、高端人才、创业者的聚集区域。

以留学生、高端职业从业者、创业者为主的人群,更追求稳定的住所,不喜欢经常更换。而且因为他们开设智利本地的银行账户并不容易,所以很多人倾向以美元作为租金。而我们要注意,美元在过去几年里相对智利比索，一直非常"强势"。

我在这里省去了对大经济形势、对标市场、相较欧美市场的房贷政策、外国投资人的保护策略、设立公司的方法、寻找好的不动产的方法、不动产法律保障、不动产增值服务等的分析。

从上面的事实可以看出：针对来智利的外国人，投资小公寓出租对创业者来说是一个好生意。根据个人经验，一个有稳定租户的小型公寓，除去管理费用、日常维护费用等，且不考虑房产升值，一个投资者可以得到的投资回报率为7.5%~10%，这在全世界范围内都是非常难得的。

智利那些看起来"不好的"特性背后隐藏着巨大的商业机会，我们应善于发现，并学会利用它们。具体做法如下表所示。

看起来"不好的"	背后的机会	如何利用
家族之间相互保护、阶级固化	国家安全稳定，经济快速发展，大量留学生、创业者、高技术人才涌入	可以针对这些人提供服务
没有透明的房源寻找系统	来智利的外国人在寻找住房上需要帮助	为这些人提供房屋出租服务
服务水平有待提高	给服务质量好的人提供机会	雇用来自智利以外其他拉美国家、愿意提供更优质服务的人员
不同阶级之间在思想和居住地上完全分化	智利当地"上流社会"的资本不会去"非上流社会"的地方寻求机会	没有大资本竞争，可以更低的成本买下更好的房源

第三章　全球实践

| 迭代·机会 |

在未来，我会分享更多详细、真实的智利小型房产数据，这些数据包括地点、购买价格、装修、出租的时间点、收入等。我相信通过这些数据，读者会更了解智利的商业机会，并对全球创猎有更深的认识。关注微信公众号"diqiutun"，开始快速知识迭代，了解未来机会。

离开自己国家的真正意义

去一个全新的国家可以让一个人挣脱以往观念上的桎梏，重新了解未来的可能性。

我的好朋友和合作伙伴纳特·勒斯蒂格（Nate Lustig）写过一篇文章《一个智利人能做的最好的事情就是离开智利》（The best thing a Chilean can do is to leave Chile）。纳特认为，如果一个智利人想让生命更加有意义，最好的方式就是离开。他所说的离开并不是永久离开，而是出国旅行学习，最好是工作。地点可以选择美国、欧洲各国、中国、韩国、澳大利亚等文化和价值观与智利不同的国家。他认为，无论是"上流社会"的智利人还是"非上流社会"的智利人，都应该离开智利一段时间。

对于大部分"上流社会"的智利人，他们从出生到20多岁都是住在家中，由保姆打理生活琐事。因为阶级固化，除了为他们服务的"非上流社会"的人外,他们几乎只和同背景的人交流,生活中很少和同背景以外的人有交集。他们住在智利东部的大房子里面,大部分人在山上或者湖边有自己度假的地方,很多人在南部有自己的农场。而走出智利可以让他们有机会更深入地和不同背景的人交流,有机会接触那些在他们以前生活中不曾出现过的思想和理念。他们会发现白人在发达国家做着服务业和其他重体力的工作,他们会发现女孩子有时候更喜欢那些皮肤颜色深的男人,他们会发现白手起家的成功企业家非常受人尊重甚至像明星一样被崇拜。他们会了解到那些在智利让他们与众不同的特点在世界其他地方也许不是很重要。

对于"非上流社会"的智利人,离开智利会让他们快速脱离固化的阶级,获得更多的机会。尤其是那些受过教育的智利年轻人,他们一旦走出智利,来到美国、中国等国家,他们很快会发现人们不会因为他们没有黄色的头发、白色的皮肤而轻视他们,人们更看重他们是否拥有聪明、勤奋、诚实等品质。而且因为在海外的智利人数量不多,就算在和智利如此紧密、市场如此大的中国,智利人也不会超过2 000人,他们会发现那些想去智利和拉美其他国家做生意的人会找到他们,给他们提供很多优质的机会。这些都是他们在智利无法获得的。

无论是"上流社会"还是"非上流社会"的智利人,他们在走出智利以后都会看到不一样的世界。他们会看到不同背景的人在一

第三章　全球实践

起交流的意义,看到受企业使命、愿景驱使的凝聚力,看到优质的服务,看到一个社会对一个人的价值的关注,看到一个社会如何鼓励和奖励诚实、勤奋、愿意承担风险的人。最终,无论他们是选择回到智利,还是留在其他国家,事实上都不重要。重要的是,他们挣脱了以往观念的桎梏,重新了解了未来的可能性。

你们应该可以猜到我想说的了。不仅智利人应该离开智利一段时间,美国人也应该离开美国一段时间,中国人也应该离开中国一段时间。任何人都应该离开他们出生、成长的地方一段时间。在把关注点落到中国的年轻人身上之前,我想在另一个层面探讨一下这件事情。

尤瓦尔·赫拉利在他的《未来简史》里面有一段关于对历史的看法:

> 那些希望改变世界的举动,常常发端于改写历史,从而使得人们能够重新想象未来。不管你是希望工人发动全体罢工、女性夺回身体的自主权,还是受压迫的少数民族站起来要求政治权利,第一步都是重述他们的历史。新的历史会告诉他们,"现在的状况既非自然而然,也不会永恒不变。过去曾经是另一个样子,只是有了一连串的偶然事件,才创造出这个不公平的世界。只要我们采取明智的行动,就能改变并创造出更好的世界"。正因为如此,马克思主义者才要讲述资本主义的历史,女

权主义者才要研究父权社会的形成，非洲裔美国人才要永远记住奴隶贸易的恐怖。他们的目的不是要延续过去，而是要从过去中解放出来。

我认为，历史学家研究历史的真正意义是观察人类如何经历历史里一连串想象不到的偶然事件走到现在。只有深刻地理解"历史是一连串偶然事件的组合"，才可以打破"生命本来就是这样的"思想限制，看到未来的不同可能性，从而获得解放。

当一个群体了解"生命原来不是一开始就是这样"时，这个群体就会推动社会的变革。当一个人了解"生命原来不是一开始就是这样"时，更多的可能性就会浮现出来，推动其拥有一个全新的自我。

来到一个全新的国家，可以使人快速打破以往观念的桎梏，重新定义自我，接受未来的多种可能性。

我认为未来10年，学历文凭（无论是国内还是国外）的背书能力会逐渐下降。一个人的核心竞争力是拥有快速吸收知识的能力和实战经验。这其中的佼佼者，必定包括在多个国家拥有真正商业经验的年轻人。

从2001年的不到9万人到2016年的超过50万人，留学生的数量迅猛增长。如上所述，我认为，出国的最大意义在于可以使一个人挣脱以往观念的桎梏，重新定义自己，了解未来的可能性。可是，

第三章 全球实践

在中国，出国留学有可能变成一条越走越窄、可能性越来越少的路。

我们以成绩优秀的留学生为例。在美国，如果学生想申请常春藤盟校，除了基本的学习成绩，很多学生尝试用实习经历为自己的申请加分。对申请商学院的学生来说，如果有意申请排名前10的学校，他们的竞争对手大部分都有大型金融机构实习的经历。因为商学院毕业生的就业率、薪资等是商学院的重要排名，有大型金融机构的实习经历可以证明学生以后就业有保证，所以也会提高申请录取概率。随后，学生进入学校开始自己的学业。我们可以在互联网上查到铺天盖地的关于中美大学教育的不同的信息。但是，根据我在美国求学的经历来看，中美大学也有很多相同之处：大多用分数评价学生，大多是以就业率为目标的"高等技术教育培训机构"，大多是无法为学生提供社会经验的象牙塔。很多中国留学生读书时经常和中国同学在一起，假期时旅行或者回国，没有用系统的方法论来打造自己的人脉和影响力。而到了毕业的时候通过海投简历或者期待同学、朋友内部推荐找工作。就算找到了工作，马上面临的是H1B签证（特殊专业人员/临时工作签证）抽签，到了抽签环节，机会就不由自己控制了。

这是很多在美国的中国留学生的真实经历。明明来到一个新的国家可以让人挣脱以往观念的桎梏，拥有更多的选择和可能性，可是留学之路却越走越窄。

为什么这些留学生的路越走越窄？

我觉得原因在于他们选择的个人和国家的关系。对于这些留学生来说，个人和国家的关系如下图所示。

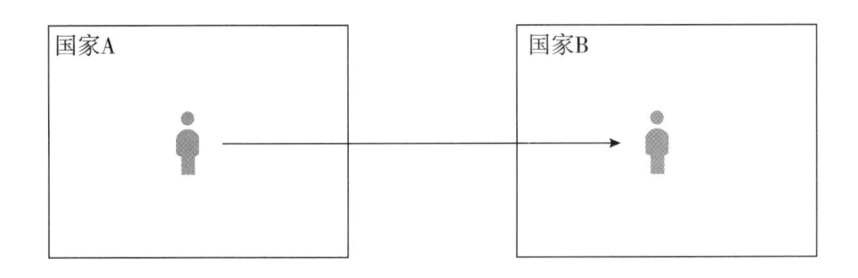

```
┌─────────────────┐      ┌─────────────────┐
│ 国家A            │      │ 国家B            │
│                 │      │                 │
│    👤 ──────────┼──────┼──→ 👤           │
│                 │      │                 │
└─────────────────┘      └─────────────────┘
```

他们从中国来到美国后，尝试让自己所做的一切都符合美国的生存法则，实习以提高申请好学校的概率，申请好学校以提高找到好工作的概率，找到好工作以提高得到H1B签证的概率。这每一步看起来都是那么合理，可是每往前走一步，人生之路都可能越走越窄。

直到现在，很多人潜意识还觉得只能选定一个国家。如果选定了一个国家，就尽量在这个国家读书、实习、工作、"稳定"下来。商业机构和大众媒体为了各自的意图也不断地迎合这个潜意识，把某个国家打造成"完美的国家"，让大家认为生活在这个国家就非常好了。继续以美国为例，无论是卖美国房产的中介、留学机构，还是大学，都尝试把美国包装成一个完美的国家。这个国家：

蓝天白云无雾霾，物价低廉随处买；

第三章　全球实践

优质教育学费低，学着学着有实习；
毕业工作随时有，经济好到没朋友；
低保随时可到手，国家福利超优厚；
生下孩子有国籍，护照在手随便飞。

任何一个人，来到一个全新的国家，尝试全盘接受这个国家的生存法则，都选择了一条越走越窄的路。

可是，我也看到了另外一个越来越明显的趋势：很多人开始尝试利用多个国家的组合来服务自己。如下图所示。

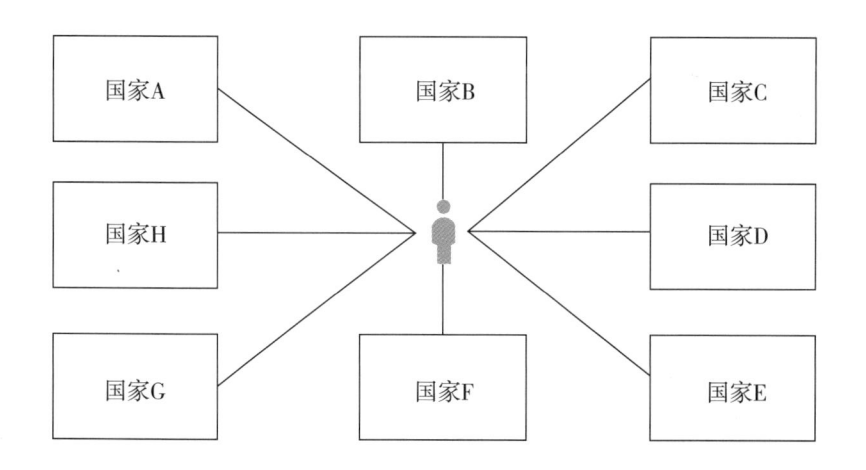

```
国家A        国家B        国家C

国家H         👤         国家D

国家G        国家F        国家E
```

人和国家的关系不再是从属关系。在这样的模式下，一个人从每一个国家寻找适合自己的机会，让这个机会成为自己生活的一部分。比如，如果一个人认为智利特殊的情况使投资小型公寓是一个非常好的稳定收入来源，那么智利这个国家就可以被他用来打造属于自己的收入来源。同时，如果他认为未来 10 年，最好的创业机会依然在中国，那么他可以来中国创业。这样，中国和智利就成为服务这个人的国家组合。随着国家组合的不断丰富，一个人的选择和可能性就会变得更多。

总结

- 找到你的导师、你要学习的偶像，尝试去深度挖掘他们的思想，研究他们的行为准则，跟踪和研究他们的最新思想，用他们的标准要求自己，这是我认为一个人最好的成长方式。
- 分析那些看起来非常庞大的话题，商业机会没有你想象的那么难。使用小学数学的加减乘除可以完成一个非常简单的模型，大多数情况下已经可以判断大趋势。最大的难事是如何考虑到现实的状况，找到不同因素之间的联系，以及实地去获取真实的数据和信息。
- 一个全球创猎者最核心的能力在于，来到一个全新的国家，通过收集数据绘出这个国家的画像，在实践的过程中不断让这个国家的画像变得具体、生动，进而总结出如何最佳利用这个国家的特点，再结合自己的优势寻找打开这个国家最正确的方式。
- 当开始了解一个全新事物时，以前的知识体系、价值观、世界观都是束缚，请尝试摆脱它们。
- 那些坚如磐石的成见，是创猎者的阶梯。
- 一个全新的国家可以让一个人挣脱以往观念的桎梏，重新了解未来的可能性。
- 人和国家的关系不再是从属关系，一个人可以利用多个国家的组合来服务自己。随着国家组合的不断丰富，一个人的选择和可能性就会变得更多。

全球创猎者

哥伦比亚：在历史转折中寻找最大的浪头

> **声明**：所有读到这部分的读者，希望你不会产生"对大麻行业进行深入研究的人一定是坏蛋，至少沾染了'灰色'产业"的想法。如果你有这样的想法，我可以明确地告诉你，你想错了。我是阳光乐观的好青年，连烟都不抽。本部分所有内容的目的在于分析医用大麻的商业机会，不鼓励任何关于大麻涉毒的尝试。

曾经的毒品和暴力之都

2016 年 5 月的一个晚上，哥伦比亚的麦德林。刚入夜，麦德林温润无比，小广场上挤满了年轻男女，吵闹着，舞动着，散发出的荷尔蒙升起来沾在树上，落到地上，丝丝连连的。我们几个人和律师开完一下午的会，穿过小广场来到查理生活酒店（Charlee Lifestyle Hotel）楼顶的酒吧。

Charlie，在街头俚语中是可卡因的意思。

想了解一个国家隐藏的商业机会，最好的方式是了解它的历史。

第三章　全球实践

哥伦比亚正在破茧成蝶，奔向光明的未来，可是每一根牵引它的丝都和可卡因相关。了解哥伦比亚的毒品工业历史，是了解这个国家商业机会的最好方式。

从麦德林机场到市区的路上，阳光从云朵中滴下来落在山坡上，溅出深深浅浅的绿色。这深深浅浅的绿色中包含一种叫作古柯（coca）的植物，而可卡因便是古柯的工业衍生品。

我在哥伦比亚的前3天对一个医用大麻项目进行了背景调查，这3天我就是在种植古柯和大麻的山地里度过的。说实话，近距离观察古柯的时候，我觉得这是我见过外貌最普通的植物了。古柯看起来像是矮矮的灌木，叶子呈窄窄的椭圆形，叶子中间有一条中脉，背面有两条和中脉平行的纹路。当我在古柯中走过的时候，会隐约闻到一些香味，但是摘下叶子细闻时，味道就消失了。

古柯对气候的要求很简单：雨水充足，没有霜冻，土壤碱度低，气温波动不大。如果一片土地符合这些要求，古柯就会在上面野蛮生长。目前古柯种植已经是工业级别，古柯的种植区域从我所在的哥伦比亚北部，顺着安第斯山脉的东面，穿越秘鲁，一直延伸到玻利维亚。

古柯生长的速度和海拔相关：离海平面越近，生长速度就越快，但是可卡因的含量越低；相反，海拔越高，生长速度越慢，但是可卡因的含量也越高。根据长时间的种植经验，人们发现最适合古柯生长的海拔是500~1 800米。

现在适合古柯生长的狭长区域在很久以前属于印加王国。这个

随着安第斯山脉蔓延开来的帝国在群山之间开辟了道路，古柯支撑着那些信使和苦力每天在群山间穿梭，维持着这个庞大帝国的运营。在《可卡因传奇》(*COCAINE：An Unauthorised Biography*) 中记载了一个印第安人只是吃古柯和玉米，一天可以步行145千米。走完了路，这个印第安人倒立了一会儿重新分配血液，然后动身回到90千米外的家中。

直到现在的秘鲁，古柯依然被用作测量距离和时间的标准。比如路程是用"古柯达"的数目来计算，也就是一个人以舒适的速度步行时所嚼食的古柯卷的数量（一个古柯卷大约等于45分钟，约计在平地上行走3千米或攀登2千米陡峭山路的距离）。一个国家或者地区的文化，会穿越时空成为一种无形的力量影响着现在的人。就算是现在的秘鲁人表面上使用分、秒、小时来计算，但在他们脑中还是会用"古柯达"作为测量单位。

正是这大量生长在安第斯山脉又外形普通的古柯，从近代开始引发了暴乱，使政府倒台、人民长期陷入贫穷、数万人喋血街头。原因只有一个，人们知道了如何从古柯的叶子中分离出可卡因并提纯。

制作能刺激人类感官的产品似乎在任何一个时代都是大商机。在《可卡因传奇》的结尾，作者写道："2 000年前，很少有人会因为喝酒致死，因为没有人知道如何蒸馏酒精。他们酿造的酒的酒劲儿很小，没什么危害。如今，随处都可以买到各种颜色和口味的纯

第三章 全球实践

度为100%的酒精,这样很容易让人喝得一醉不醒。吃水果和嚼甘蔗很少会使人体重超标,但糖一旦被提纯,只要你把它吃到肚子里,很容易导致肥胖。科学家花费几个世纪的时间对各种消费品进行蒸馏和提纯,以便使人们从中得到最大的快感。对古柯来说,无论是被嚼食还是当茶喝,都没有危害,因为古柯叶中的可卡因含量很低。但如果将可卡因从古柯叶中分离出来,吸入鼻孔或注入静脉,这时候问题就出现了。"

被提纯出来以刺激人类感官的产品,在任何一个时代都会以不同的面貌出现,它可以是高纯度的酒精、可以是彩色的糖块、可以是可卡因、可以是校园中你看到的"不背单词,10天过四级"的横幅、可以是"不节食不运动,10天减10斤"的广告、可以是政客口中的"免费的教育,免费的医疗保险"、可以是"如何快速获得领导喜欢"的厚黑学……

我认为,这个时代,让人快速获得身体、精神上愉悦的东西,大都是"毒品"。

满山的古柯不再是可爱的深深浅浅的绿色,可卡因像一个白色的魔鬼从这深深浅浅的绿色中升腾,凝聚在空中,牢牢地罩住身下的城市。

当时的哥伦比亚都在这白色魔鬼的注视下,而这白色魔鬼把一只手紧紧地按在了一个城市上空,这座城市就是我所在的麦德林——可卡因之都。

075

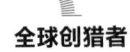

20世纪末,麦德林是全世界最大的毒品生产基地和分销地。麦德林成为可卡因之都的原因如下。

第一,拥有工业基础:麦德林是传统的工业城市,很容易获得提炼可卡因的化学药品。

第二,拥有多余人力:20世纪70年代,麦德林的支柱产业——纺织业下滑导致大量年轻人流落街头,整日无所事事。当贩毒集团把毒品、枪支、权力和钞票送到这些年轻人面前的时候,大部分人难以抗拒诱惑。

第三,受到群山掩护:站在山顶上看麦德林,整个城市在山谷中,城市的每一个边缘都渗进了大山中。群山环绕为地下可卡因工厂提供了天然的掩护。

第四,适合古柯生长:麦德林位于山谷中,整个海拔在1 500米上下。如果你还记得最适宜古柯生长的环境——雨水充足,没有霜冻,土壤碱度低,气温波动不大,海拔在500~1 800米,就可见麦德林满足所有的这些条件。

第五,拥有便利的交通:麦德林位于哥伦比亚北部,有便捷的航空交通可以将可卡因运送到世界各地。

哥伦比亚最著名的毒枭是巴勃罗·埃斯科瓦尔·戈维利亚(Pablo Escobar Gaviria)。以埃斯科瓦尔为代表的麦德林贩毒集团富可敌国,网络上关于埃斯科瓦尔的报道主要集中在两点:大量的财富和血腥暴力。

第三章　全球实践

虽然如今的麦德林已经是非常安全的城市,但是它和毒品仍然有千丝万缕的联系,毒品已经像空气、水一样渗入这个国家的各个角落。

和世界上任何一个大城市一样,麦德林也有外国人聚集的地方,市中心的南部密密麻麻地挤下了数不清的酒吧、餐馆、宾馆、纪念品商店等,吸引了大批的外国人。夕阳西下,大自然一呼一吸间,这个区域就灯火通明,"活"了起来。因为是外国人聚集地,所以安保做得非常好,查理生活酒店门口的小广场上遍布着警察。

姑娘,姑娘,你漂亮,漂亮

姑娘,还有哥伦比亚的姑娘。

哥伦比亚的麦德林、希腊的雅典、澳大利亚的悉尼是我认为美女最多的3个城市,而麦德林排名第一。今晚加入我们 Party(派对)的是3个漂亮的哥伦比亚姑娘,超模级别的漂亮。

坐在我身边的是上一届的麦德林小姐,正在准备哥伦比亚小姐的竞选。她穿着紧身白裙,直发浅浅地垂到腰间,棕黑色的皮肤像缎面一样光滑。看得出她受过专业的礼仪训练,言谈举止非常得体。农业是哥伦比亚的支柱产业之一,哥伦比亚的选美源于宣传当地农业。每当收获的季节,国家的各个地方都会举办选美比赛,选出最适合的女孩子,请其宣传当地的农产品,庆祝当地的丰收。你经常会见到的宣传照片:一位当地选美小姐,身边站着一个手捧着当地

农产品的农民。今天，选美的意义在哥伦比亚已经不再仅为庆祝丰收和宣传当地农产品，我们的司机开玩笑地说道："我们这里可以以任何理由、任何方式、任何条件选美，我上小学的女儿每年就参加两次选美，你们可以想象一个 7 岁的小女生穿着比基尼在舞台上走来走去吗？"

选美在哥伦比亚成了一种文化，而美和竞争相连。美需要靠竞争来评出，竞争总把美推向更高的层次。哥伦比亚的姑娘从懂事起就认为美是值得去争取和努力的事情。很多女孩子在成长的过程中，因为来自同龄人的压力，需要时时刻刻保持美丽。穿条短裤、套上 T 恤、拎个袋子去买菜，对她们来说是无法接受的。就算在平时，她们也要穿着漂亮的衣服，佩戴珍贵的首饰，保持精致的妆容。

当一件事情在一个社会中被普遍认为非常重要，大家相互比较或者竞争以做到更好的时候，这件事情本身就成了社交货币。把这件事情做得更好的人就拥有更多的社交货币，也就具有更高的社会地位。在哥伦比亚，美丽就是社交货币，美丽的姑娘拥有更多的社交货币。她们也愿意为变美进行大胆的尝试，改变自己，其中最直接的例子就是化妆和整形成风。

我对面的姑娘 M 是在场的我一个兄弟的女朋友，化着吸血鬼妆——鲜红的眼影、鲜红的嘴唇。我的兄弟是英国人，他右手搭在沙发上，小女朋友缩在他怀里，和蝙蝠入山洞一样。这个姑娘的吸血鬼妆在其他地方的夜店会显得很出彩，但是在这个周五的晚上，

第三章　全球实践

却显得很寻常，因为整个麦德林的波夫拉多（Poblado）的夜店都是这样的妆容。

姑娘 M 一晚上都不太笑，直勾勾地看着我们，听我们聊天，手里拿着一杯酒时不时地抿一口，谁的笑话讲得好，她就和谁喝一杯。也不知道我说了什么，她忽然问："你喜欢我的嘴唇吗？"我打了个激灵，看了我那个英国兄弟一眼，心想你还是回你的山洞吧。她继续说："我刚刚做了嘴唇整形手术，我觉得很美。"

当美丽成为社交货币的时候，女孩子们愿意用各种方式去变美，其中包括整形手术。事实上，哥伦比亚已经成为世界著名的整形手术中心之一，近些年哥伦比亚比索相较美元贬值，哥伦比亚的整形手术因为价格便宜吸引了很多外国人。而整个哥伦比亚也把整形手术看作使女孩子变得更美的一个手段。对美的追求以及社会的压力，使越来越多的哥伦比亚家庭接受整形手术。把整形手术当作生日礼物送给 15 岁的女孩子，对很多哥伦比亚家庭来说很平常。正如朱诺·丘萨克（Jono Cusack）在他的一篇文章里说的："整形手术已经是哥伦比亚的文化之一。"

第三个姑娘坐在我对面，皮肤白皙，短发到锁骨。和很多拉美的女孩子一样，她初看很像亚洲人，准确地说很像金喜善，但是她的五官更深邃立体。"金喜善"化了一个很卡哇伊的妆，双手高高举起，随着灯光俏皮地舞动着。

正如我前面所说，希腊的雅典、澳大利亚的悉尼，以及哥伦比

079

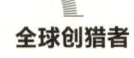

亚的麦德林是我认为漂亮姑娘最多的 3 个城市。但是麦德林的姑娘的类型要比雅典和悉尼的多太多。就像"金喜善"一样，如果单从照片上看，你会认为她是一个身材很好的亚洲姑娘，但是她只会说西班牙语。走在大街上，你可以看到不同肤色、不同身材、不同气质的女孩子。

历史机遇

壮丽的安第斯山，美丽的鲜花，随处可以得到的便宜酒精，还有漂亮的姑娘们。很多旅行者因为这些来到这个城市，每当夜晚到来，他们涌上街头，享受这个城市给予的一切。

我们一行 6 人，分别从美国、英国、巴拿马、智利飞到哥伦比亚碰头。当中有农场主、高科技风险投资人、带领 3 家公司上市的总裁，以及连续跨国创业者。吸引我们来到这个城市的不是壮丽的山景、美丽的鲜花、便宜的酒精、漂亮的姑娘，而是这个国家没有被其他人发现的商业机会。

大众媒体永远是创猎者的朋友。因为大众媒体的渲染，很多人对哥伦比亚的印象依然停留在毒品、暴力、凶杀。当我和朋友说我要去哥伦比亚的时候，大多数人最直接的反应是："去那里干什么，下飞机就被绑票啊。"这个世界有两类观点：一类是大众的观点，一类是自己分析得出的观点。很多情况下获得时代和趋势的青睐，只需要做到两件事情：了解大众的观点，把自己的分析转化成行动。

第三章 全球实践

我认为,哥伦比亚会在短期内进入一个历史转折期。在长达 50 多年的内战后,对未来持乐观和积极的态度成了哥伦比亚当地人普遍的状态。我认识的很多在美国和欧洲已经定居、拥有稳定生活的哥伦比亚人已陆续回到哥伦比亚,因为那里"有更多的机会"。

因为这些变化,哥伦比亚很快受到投资者的青睐。作为拉美发展最快的经济体,哥伦比亚在持续吸引更多的海外投资者,近些年来海外直接投资以每年超过 20% 的速度增长着。根据世界银行的排名,哥伦比亚在保护投资者权益方面世界排名第 6(同为第 6 名的还有美国)。这个国家的年轻人人口比例极高,20 岁以下的人口占总人口的 40%。

这样的大形势使很多行业非常有吸引力,对我们来说,比如住宅地产行业。投资一个国家住宅地产最关键是看好一个国家的发展趋势,如这个国家的基础设施在全面升级,国家在持续吸引海外投资者,国内人民收入上升,国内人民对经济保持乐观的态度,而哥伦比亚符合所有这些条件。

我住在波夫拉多 10 号公园酒店(Park 10 Hotel)对面的公寓里。20 世纪 90 年代初,哥伦比亚的精英阶层为了远离市中心危险的治安,开始在这片山坡上建造豪华公寓。这里有你关于一个美好城市可以想到的一切:完美的天气,满眼绿意的公园,从山上流淌下来、从窗下流过的溪水,美味的食物,丰富多彩的夜生活。这个城市的活力绝不亚于北京、上海、广州、纽约、旧金山、芝加哥、休斯敦、

利马、布宜诺斯艾利斯、墨西哥城、圣地亚哥、伦敦、柏林、巴黎、约翰内斯堡、迪拜等地。但是，这里全新的豪华公寓每平方米价格为 1 200~1 800 美元，5 年前建造好的豪华公寓每平方米价格为 800~1 200 美元。

地理位置也成为麦德林现在受到青睐的一个重要原因。从麦德林出发到美国非常便利，3 个小时到休斯敦，6 个小时到纽约，到其他拉美城市也极便捷。

极有活力的城市、便捷的交通、和全球其他一线城市相比极低的地产价格，使麦德林成为美国婴儿潮人群的"后花园"，同时也吸引了全球各地的游客和投资者。

地产行业只是哥伦比亚在历史转折时期一个很有吸引力的行业，但是我们几个都相信：在历史转折点上要找到最大的浪头。而在哥伦比亚的这个历史时刻，我们认为最大的浪头是医用大麻行业。

在历史转折点上寻找最大的浪头

在人们的认知加速下，那些大家认为不可能发生的事情也许会快速发生。往往越多的人认为不可能发生的事情，其中的商机就越大。

在哥伦比亚的历史转折点上，我们认为最大的商机是医用大麻。

在确定哥伦比亚是好的医用大麻投资国家之前的几年里，引起我们注意的是诸如联合国、世界健康组织在内的政策制定机构对大

第三章 全球实践

麻在全球范围内政策的改变。

这些改变促进了大麻产品的标准化和市场化，并且已经在全球范围内影响到了很多国家和地区。

以色列和德国正在建立国家的医用大麻体制。2001年葡萄牙实现毒品"非罪化"。2013年乌拉圭成为世界上第一个使娱乐性大麻合法化的国家。

在美国，阿拉斯加州、加利福尼亚州、科罗拉多州、缅因州、马萨诸塞州、内华达州、俄勒冈州、华盛顿州，以及哥伦比亚特区，成年人已经可以合法购买娱乐性大麻，政府已经针对大麻销售进行管制和征税。

在比利时、荷兰、西班牙、瑞士、乌克兰等国，少量拥有大麻和在某些情况下种植大麻已经非罪化。

这样的信号非常明显：在世界范围内，持有和使用大麻非罪化也许会成为趋势，针对合法大麻的政策监管也许在全球范围内会被推行。政府相关部门、消费者、研究者、医院、医药公司、创业者都应该紧跟趋势。从制定政策的联合国和世界健康组织到多国政府，它们已在尝试构建合法、可管理的大麻使用渠道，打击非法大麻的供应。未来，全球的合法大麻工业可能会成为由政府严加监管、由市场主导的巨大市场。

根据大数据预测，合法大麻市场从2016年到2020年将会增长37.38%。以美国为例，合法大麻销售额在2020年可能达到218亿美元。如果全球的大麻实现非罪化和合法化,合法大麻市场将快速成长为千亿美元甚至万亿美元的市场。

对未来最敏感的是创业者。

随着大麻在不同国家和地区的非罪化和合法化,一些创业者开始在大麻领域创业,他们被称为"potrepreneurs"(大麻创业者)。

一些大麻创业者将看到的趋势快速付诸行动:WeedMap 是购买大麻的地图,可以理解为大麻领域的高德地图;Leafly 允许消费者对不同的大麻进行点评,是大麻领域的大众点评。明星彼得·蒂尔(Peter Thiel)的 20/20 项目(通过提供资金的方式鼓励优秀的年轻人创业)的总冠军艾萨克·迪特里希(Isaac Dietrich)在获得该项目总冠军之后创立了大麻喜爱者的社交平台:MassRoots。2014 年年底,纽约一家专注大麻产业的私募基金联合牙买加唱作歌手鲍勃·马利(Bob Marley)的家族创立了以鲍勃·马利命名的大麻品牌。

目前在大麻领域至少有上百个创业公司,甚至出现了类似 Arcview Group 这样专注孵化大麻领域创业公司的孵化器企业。

但是,当我们看过这些公司后,我们觉得这并不是最大的机会。换句话说,这不是最大的浪。

在一个趋势刚刚形成的时候,大部分机会是低成本的、适合小型创业公司进入的。对应到大麻行业,当很多国家和地区实行大麻非罪化或者合法化的时候,一些大麻创业者浮出水面,可以获得早期红利。但是当行业稳定时,大资本会快速进入,很多小型创业公

第三章 全球实践

司会被扫地出门。

更重要的是,未来合法大麻行业会受到极强的监管,而小型企业为满足政府监管要求会花费较大的时间、金钱及精力。快公司(Fast Company)曾经报道过一个在丹佛的大麻创业公司 Julie's Baked Goods 的故事。这个创业公司的主要产品是含大麻的饼干,这样的饼干据说可以在不损害肠道的情况下缓解腹泻带来的痛苦。一开始,这个小型创业公司为了获得合法经营的执照,需要填写 25 页的申请材料,并支付 1 250 美元的申请费。如果需要续签执照,则需要双倍的申请费,另外需要支付 25 000 美元进行厨房升级。较高的时间、金钱及精力成本对这样一个小型创业公司来说是沉重的负担。对大麻种植、处理、分销等公司来说,它们将面对的是几百页的申请材料,以及数百万美元的申请总费用。

其他领域也是如此,机会之门会快速地对小型创业公司打开,又快速地关上。

我认为,对于未来可能在全球范围内有上千亿美元的合法大麻市场来说,最大的机会、最大的浪是:实现标准化生产。标准化是食品和药品行业可以批量化的基础,对于所有食用的东西,用户需要一个标签标明服下的东西包含什么成分。

合法的大麻行业也不例外。

不仅一株大麻和另外一株大麻里所包含的大麻素及其他成分不固定,就连同一株大麻上的不同花朵所包含的成分也不固定。因为大麻草本所含成分不固定的特点而无法实现批量生产要求的标准化，所以草本大麻无法满足未来医用大麻的巨大需求。

但是大麻油可以！大麻油作为大麻的提取物，可以做到标准化生产。每一瓶大麻油里的成分可以非常精确地测量出来，并且保持一致。更重要的是，大麻油的生产成本极低，非常适合批量生产。

如果想低成本地批量生产大麻，必须要了解大麻在12小时光照、12小时黑暗的情况下生长最好。世界上只有一个地方符合条件：哥伦比亚所在的赤道附近。当远离赤道时，就需要用LED（发光二极管）灯光来补足日照。换句话说，离赤道越远，种植成本越高。

哥伦比亚一直是全球最大的鲜花出口国之一。美国75%的鲜花及全球17%的鲜花都来自哥伦比亚。哥伦比亚从鲜花行业中累积的非常丰富的植物种植、收割、采集、处理的经验完全可以用在合法大麻行业。

我认为，在大麻逐渐非罪化和合法化的过程中，有能力低成本种植、生产、出口大麻油的企业拥有这一趋势里最大的商业机会。在这样的历史时刻，这样的企业最有可能在一个国家：哥伦比亚。

我们慢慢发现了在哥伦比亚进入新时代时，在医用大麻领域有一个公司浮出了水面，这就是我们来哥伦比亚的原因。

第三章 全球实践

  我看到了许多对大麻，尤其是其在医药应用上的政策变化，我会持续关注这一领域。未来，我会帮大家整理目前大麻领域的创业公司名单。再次强调，我不建议任何大麻涉毒的尝试。分享此类创业公司的目的只有一个：告诉创业者如何观察、分析全球的政治经济变化，从中寻找商业机会。

总结

- 在人们的认知加速下，那些大家认为不可能发生的事情也许会快速发生。往往越多的人认为不可能发生的事情，其中商机就越大。
- 大众媒体永远是创猎者的合作伙伴。因为大众媒体的渲染，许多人对哥伦比亚的印象依然停留在毒品、暴力、凶杀。大众媒体造成的偏见下隐藏着真正的商业机会，这是留给创猎者的宝库。
- 尝试跟踪一个国家或者一个行业的政策变化。这些变化会带来历史机遇，创猎者需要去寻找历史转折中最大的浪头。

第三章　全球实践

英国：切换纬度，从红海到蓝海

本部分提到的公司并非是我正式的投资建议，所有投资者都需要自己进行尽职调查，我不对任何读者的投资负责。

爸爸，六十岁生日快乐

我的父亲是我此生最好的导师和伙伴。这一部分所有的经历和机会要从我的父亲说起。

2012 年，父亲还有 3 年 60 岁。

我父亲姓郝，他把这个姓传给了我。世界上，有 300 多万人共享着这个姓。拥有这个姓的 300 多万人又共享着使用这个姓的尴尬。起名的时候，我们这个姓的后面不可以跟名词，诸如郝鲜花、郝凉茶，因为会自带广告光环。如果我们的姓后面跟形容词，诸如郝美丽、郝轻松、郝蔚蓝，也总因为萦绕着画面感让人觉得怪怪的。

我们家上溯几辈儿都是教书的。教私塾的爷爷一定拥有很高的心气儿和桀骜不驯的性格，所以用一颗星星的名字做了父亲的名字。

爷爷去世得早，他给父亲留下了一个四处漏风的破屋子，还有"郝"这个姓。从此，父亲多了一个标签：苦孩子出身。

苦孩子从小挖树根，推小车，挖水库，恢复高考后考入大学学了英文。我上小学的时候，父亲经常在一个屋子里录英文课程，贴补家用。屋门上方有一个小窗户，我把小凳子放在沙发上，站上去刚好可以看到屋内。屋子里，一张桌子、一把椅子、一个大大的录音机，还有父亲的背影。

父亲一遍一遍地重复着课本上的英文，声音很好听。

三十几岁时，父亲决定从学校跳槽去一家进出口公司上班。父亲的办公室从学校的教学楼变成一栋大楼里的一间小小的屋子。我偶尔去看他，那间屋子里很多人在抽烟，大声地叫喊，围绕在屋子中央的桌子边，把扑克牌狠狠地摔下去。父亲窝在角落的一个打字机旁边，噼里啪啦地打着字。

自此，我见到父亲的次数越来越少。我睡着的时候，父亲还没从办公室回来；我醒来时，父亲已经上班了。他告诉我："天上会下金币雨，不过只有工作到凌晨的人才可以看到并把它们带回家。"我从小一直坚信这句话，而且我知道，所有抽烟、狠狠把扑克牌摔在桌子上的人一定都回家了，办公室里只有我的爸爸。

父亲（和母亲）用自己的行动告诉了我诚实、正直、勤奋是如何改变一个人的命运的。如果我身上有一些让人喜欢的人格魅力，那么一定来自我的父亲和母亲。

父亲一生超乎常人地勤奋、节俭，并把家人放在首要位置。2012年，对于3年后老爷子的60岁生日，我觉得买任何礼物都无法表达我足够的敬意。

我决定做一款红酒，一款以他的名、我们的姓命名的红酒。我

第三章 全球实践

要做一款 Fine Wine（美酒）送给我的父亲。

作为一个"做什么都想做出花儿"的人，我不想简单地只在酒庄贴牌。最开始我所考虑的事情包括以下方面：

- 这瓶酒的原产地应该是什么国家？
- 这个国家是否适合父亲？
- 酒的原产地在这个国家的什么地区，什么山谷？
- 用什么葡萄，一种葡萄酿还是混酿？
- 如何在当地寻找葡萄园，如何寻找酒庄，对这些合作伙伴采取什么形式进行合作？
- 这些打下关系的合作伙伴，还有什么其他事情可以一起做？
- 整个酒的包装应该是什么样子的？
- 在什么地方装瓶？
- 如何进口？
- 在什么情况下，如何展示给父亲？

从 2012 年动念头开始，3 年中我为了这件事情愉快地旅行累计超过 4.5 万千米，整个旅程充满了奇妙的故事。最终在阿根廷的门多萨（Mendoza）和智利的圣克鲁斯（Santa Cruz）中选择，在整个做酒的过程中，我见到了门多萨的建城家族、智利最有影响力的水果家族、世界第二大酒庄的家族，并和不同国家的红酒从业人员进行了深度接触，有些人现在成了我非常棒的合作伙伴。

2015 年 5 月，父亲在泰国喝到了第一口属于他的红酒。这一切美好的经历，都源于一个非常值得我这么去做的父亲。同时，在做酒的过程中，我所思考的问题从酒本身衍生出更多：

- 葡萄酒行业整个链条是什么样子？
- 在整个链条上，每一个环节背后的玩家是什么角色？
- 葡萄园、酒庄是如何定价的？
- 如何更加合理地投资生产地、葡萄园、酒庄？
- 每个国家的葡萄酒产业链有什么不同？
- 每一条产业链背后的家族和大玩家是谁，是否可以认识他们以使我得到更多的知识？
- 中国的葡萄酒行业现状如何？
- 中国以外的葡萄酒行业有什么新的模式？

我开始用中文、英文和西班牙文在互联网上搜索关于葡萄酒的信息，尝试和不同国家葡萄酒领域的企业家和创业者交流。

我以为做酒本身已经是一个有趣的经历，但是与不同国家葡萄酒领域的企业家和创业者交流后，我发现做酒只是开始。

红酒创业领域的大方向：除了卖红酒还是卖红酒

让我一直很遗憾的是我在求学阶段对历史缺乏兴趣。而长大以后，我发现历史是最让我着迷的、可以让我在生活的各个方面学习

第三章 全球实践

到最多知识的领域。从小我有吃书的习惯,当无聊至极的时候,或在脑子放空的情况下,我会揪一小页书放在嘴里慢慢地嚼,一本书被我吃的程度基本直接反映了我对这门课的兴趣。一学期下来,历史书经常是千疮百孔。

可以和我历史老师相提并论的,只有某些国家的足球运动员,把有趣的历史讲得如此枯燥的难度和面对空门一脚踢飞的难度一样。

博士毕业进入商界后,我发现,如果在更广阔的时间维度下观察,一些非常好的商业机会就会浮现出来,只是每次都会结合当时、当地社会发展的阶段和文化背景,换一个形象出现。作为一个《大话西游》的"铁粉",我总觉得这些商业机会像是唐僧在我眼前更换了戏服,匆匆地从后台跑到镜头前,开口就说:"悟空,是我啊。"

我强烈建议所有全球创猎者在遇到商业机会的时候,尝试用不同的语言来搜索一下这个商业机会涉及的历史,思考这个商业机会在不同的时间、不同的地点是以何种面貌出现的。

葡萄酒酿造距今已经有数千年的历史,但基于葡萄酒的现有记载及现代考古学的发现,人类从什么时候开始使用野生的葡萄酿酒依然没有定论。很多考古学家假设,一开始人类因为喜欢甜味开始采集野生葡萄等浆果,当这些浆果被放在容器中一段时间后,底部的果汁会因发酵成为低度果酒,最初的葡萄酒是大自然的产物。公元前约1万年,人类从采集狩猎逐渐居住在固定地点后,开始种植葡萄并且研究酿造技术。

全球创猎者

根据现有的考古发现,早在 9 000 年前的中国、8 000 年前的格鲁吉亚、7 000 年前的伊朗、6 000 年前的希腊和亚美尼亚,已经有了酿酒的记录。

目前发现的最早、最完整的酿酒厂是亚美尼亚的一个叫作阿雷尼-1(Areni-1)的山洞群里。这个山洞群位于亚美尼亚南部,至今离此山洞不远的村庄依然以酿酒闻名。

值得注意的一件事情是,从历史上看,现在的外高加索地区(格鲁吉亚、亚美尼亚、阿塞拜疆)是历史上最早出现葡萄酒酿酒技术的地区。直到现在,外高加索地区部分葡萄酒产区也保持着极高的质量,在欧洲和北美享有极高的声誉。外高加索地区是"一带一路"的必经之路,格鲁吉亚在 2017 年 5 月和中国签订了自由贸易协定,相信在中国市场上很快会出现更多来自外高加索地区的美酒。

整个葡萄酒的历史是一部融合了宗教、政治、地域文化、美学、美食的历史。比起其他历史,读关于葡萄酒的历史总让我有一种莫名的浪漫感。

我真正感兴趣的是,目前的红酒领域对年轻人还有什么机会。

中国红酒市场的年轻创业者可以简单分成三类:第一类是直接面对消费者的创业者,主要以个性化贴标(如花马)、查价工具(如酒咔嚓)、红酒社交社群(如红酒人生、香气共和国)、内容电商(如醉鹅红酒日常)、传统电商平台(如也买酒、酒美网、品尚红酒网)为方向;第二类是面对商家的创业者,他们尝试解决的问

第三章　全球实践

题包括优化供应链、降低成本、优化撮合企业对企业的交易流程等（如快找酒，海筹）；第三类则是专注于红酒相关的实体工具的创业者，他们的产品有智能红酒塞、智能红酒保存箱等。

| 迭代·机会 |

中国红酒市场已经过了普及期，逐渐被更广泛的群体接受。在新时期内红酒创业领域会有更多的机会，作为一个红酒爱好者，我会长期关注全球范围内红酒相关的优质商业模式和项目，与大家分享。关注微信公众号"diqiutun"开始信息快速迭代，接触更多商业机会。

中国的红酒创业公司有很多，每天还会出现很多，也会倒下很多，而这些令人眼花缭乱的红酒创业公司本质上都是——卖红酒。

在自己做红酒的两年内，与我有过深入探讨的企业家几乎涵盖了红酒的每一个链条，我对"卖红酒"这个大方向逐渐有了自己的判断。

"红酒只有选择，没有好坏。"每一款红酒都是大自然的馈赠和酿酒师雕琢的产物，众多款式的红酒对应的是众多不同的个人喜好。我是蹲在街边吃烧烤长大的，你是在河边吃小笼包长大的，我们对同一款酒的感觉可能会完全不同。

有效地把众多款式的红酒卖给有完全不同味蕾的买家，这是"卖红酒"这个大方向上的创业者要解决的根本问题。这其实是一个

典型的非标准化匹配的问题,这样的情况发生在我们的生活的方方面面。比如寻找配偶,每一个小伙子都是不同的,每一个姑娘也是不同的,那么一个婚恋公司如何对这些小伙子和姑娘进行有效匹配,也是非标准化匹配的问题。

而几乎所有尝试有效解决非标准化匹配问题的公司,都选择了两个方向:价格战和包装溢价。

价格战,很容易理解,就是通过降低价格来吸引对价格敏感的客户。无论是婚恋公司推出的"99包月无限量浏览",还是红酒创业公司提供的"20元团购",都选择了这个方向。

包装溢价,则是创造一个标准,尝试使原来的非标准化匹配变成标准化匹配,再通过把一些产品在这个标准上进行包装后溢价出售。以婚恋网站为例,真实的世界里学历高低和能力高低无关,颜值高低和内心美丑无关,职业稳定和生活幸福无关。但是婚恋网站尝试普及高学历、高颜值、职业稳定就是好的标准。在普及这些标准的同时,推出更高价格的VIP(贵宾)服务,让客户可以找到符合这个标准的"更好"的对象。而在红酒创业领域,大部分公司正在尝试通过讲品牌故事、描述口味的方式来溢阶出售红酒。但讲故事、描述口味的方式恰恰不可能在大层面上建立一个普遍接受的标准,没有这个标准,包装溢价在红酒领域很难走通。

我尊重所有在红酒领域探索的创业者。在"卖红酒"这个大方向上,创业公司很难对抗可以打通从产地到销售渠道的大资本。在

第三章　全球实践

"包装溢价"层面，我认为短时间内很难看到可以建立起一个让人们普遍接受的标准。

发现 SWAG：不在同一个维度竞争

我认为，中国葡萄酒创业领域基本都是在"卖红酒"这个维度上竞争，一片红海。

这一部分，我想讲的是，在研究整个产业的时候，一本书和一篇文章是如何引起我的注意，并让我看到了中国创业者可以从一个全新的维度进入红酒创业领域，红海变蓝海。而我又是如何顺着这个全新的维度一步步找到了一个行业领先的公司并且成为其中国合伙人。

首先，这本吸引我注意力的书叫《银子、红酒、艺术品、金子：下一个 10 年的资产保值方案》（Silver, Wine, Art and Gold: Alternative Assets for the Coming Decade），作者是乔·罗斯曼（Joe Roseman）。

一开始吸引我的最主要原因是罗斯曼曾是摩尔资本（Moore Capital）的经济学家。摩尔资本是目前全球排名前 20 的大型对冲基金，同时摩尔资本的创始人路易斯·贝肯（Louis Bacon）也是当今很低调传奇的投资大师。

当时的情况是：在看过了上百个以各种方式卖红酒的公司以后，我发现了一个在全世界顶级对冲基金工作了 20 年的经济学家写的一本书。这位见证了无数种资产组合的经济学家在书名里直截了当地

点明了葡萄酒的投资属性及其在今后10年的资产配置中的意义。这感觉就像一个无肉不欢的人在一盘沙拉中翻了又翻，终于在盘底发现铺了一层新鲜的蟹腿肉。一块新鲜的蟹腿肉混合了来自海洋的咸味和本身的甜鲜，这本书也给了我这样的感觉。

咸味来自整个世界的大形势：我认为，这10年中整个世界将见证世界的权力中心从我们所说的"西方国家"向东方的转移。在权力转移的过程中，因为多方面的因素，各国超发货币已经是一个不争的事实，几乎所有国家的中产及以上阶层都面临如何对抗通货膨胀、不让自己资产缩水的难题。这方面的文章以各种语言遍布互联网。事实上，看不到这样的文章才是最难的，这方面我不再赘述。

鲜甜的味道来自罗斯曼把一个保值的组合浓缩成的一个优美的字母组合：SWAG。S代表银子，W代表红酒，A代表艺术品，G代表金子。罗斯曼在整本书中的观点可以概括为，所有中上层阶级在世界动荡的10年中，应该让SWAG在总资产配置中占20%。这背后的逻辑非常简单：人们共同认可的稀缺性等于价值。各国政府发行的货币可以快速产生，但是金子、银子等贵金属需要探测，从地下挖掘、冶炼。艺术家盯着自己心中忽明忽暗的火熬干了自己，熬出了艺术品。比起金银等贵金属，收藏性红酒因为不可复制性更像艺术品。我们不可能回到1953年的波尔多左岸多摘下一些葡萄，我们也不可能期待未来的某一年的气候和1953年的一样，出产的葡萄一样，酿造的工艺也一样。每一款值得珍藏的红酒都是无法复制的。

第三章　全球实践

用不可复制的、人们共同认可的稀缺性来对抗通货膨胀，这个道理从买房、买黄金的普通大众到顶级对冲基金的经济学家都懂。

无论是贵金属、艺术品、收藏性红酒、邮票、稀缺地产、古币，还是限量版法拉利、劳力士手表，当一类物品具备人们共同认可的稀缺性时，很可能会出现两种情况：会有一个公开市场，明码标价，进行交易；此类物品可以在市场上作为抵押品进行借贷。

Liv-ex 收藏性红酒指数（Liv-ex 100 Fine Wine Index）反映了市场上最受追捧的 100 款红酒的价格波动。在过去 10 年中，Liv-ex 收藏性红酒指数在 11% 上下，远远超过了标准普尔 500 指数的 8%[1]。

对于收藏性红酒来说，既然已经有了人们共同认可的稀缺性，同时也有了 Liv-ex 这样的市场使价格公开透明，那么理论上收藏性红酒就一定可以和艺术品、房产、地产、法拉利和劳力士一样作为抵押物进行借贷。我简单地搜索了一下："fine wine, collateral"（红酒，抵押），发现了一篇《金融时报》（*Financial Times*）的采访[2]。讲的是一个叫斯蒂芬·伯顿（Stephen Burton）的人建立了一家名为波尔多酒窖（Bordeaux Cellars）的公司。波尔多酒窖开创了允许人们使用收藏性红酒进行借贷的领域，并且在这个领域做到了世界领先。

---

[1]　资料来源：https://www.liv-ex.com/。
[2]　资料来源：https://ftalphaville.ft.com/2012/11/28/1284253/wine-loans-the-curious-cases-of-red-inventory/#comments。

这篇采访验证了我的想法：当一个物品具备人们共同认可的稀缺性，并且在市场上有透明价格时，这个物品可以作为投资标的，同时可以作为抵押物进行借贷。换句话说，在红酒创业领域，红酒不再仅是消费品，卖红酒也不是唯一的创业方向。收藏性红酒本身可以作为投资标的，同时收藏性红酒可以作为抵押品进行借贷，这样就有了从红酒切入金融领域的契机。

这一系列的搜索和研究只不过是一个日常的训练，我按照自己的逻辑去寻找信息验证，探索不同的可能性。

2015年4月底，我在墨西哥坎昆（Cancun）参加一个投资者会议，主要是去听《富爸爸，穷爸爸》的作者罗伯特·清崎的讲座。我在博士毕业前开始读经典的投资理财书籍，如《富爸爸，穷爸爸》《罗杰斯环球投资旅行》等，这些书完全改变了我对教育、未来、投资、金钱、地产等方面的看法，也改变了我毕业以后的人生轨迹。

毕业以后的几年里，我在不同场合见过吉姆·罗杰斯和罗伯特·清崎这两位对我影响巨大的人。这两位已经年过70的人在所有场合表现出来的求知欲和学习的热情让我感到很震撼。墨西哥的投资会议是比较小型的会议，我坐在罗伯特·清崎的后一排，看到两天时间里这位传奇人物除了自己上台演讲，其他时间里都认真地从开场听到结束，记了满满一个本子的笔记。

会议有半天的空当，供参会人员休闲娱乐。会议的地点在坎昆的酒店区，这个延伸到海里的U型区域里挤着大大小小的全世界最

第三章　全球实践

著名的酒店。全球化使不同区域趋同，这里有着这个时代最好的商业机会。但是全球化让人觉得越来越无趣的一方面也是趋同，全世界的著名景点有很多来自其他国家的商品，全世界的"度假胜地"也大多被一些著名酒店品牌占据了。

我在海边坐了一会儿开始往房间慢慢溜达，在靠近会场的走廊旁边有一个圆桌，桌边坐着两个西装革履、脖子上挂着本次投资大会标牌的人。桌上放着一瓶红酒，走廊里面空荡荡的，两个人一边喝酒一边聊天。他们聊天的声音虽然不大，但是隔着很远就听出这两位是伦敦人。

英国人是我又"爱"又"恨"的一群人。在美国，做生意开门见山，我提出一个问题或者要求，对方反馈 Yes 或者 No。无论是 Yes 或者 No，我都知道对方的意思就是他们要表达的意思。在拉美，我提出一个问题或者要求，如果对方说 Yes，那么真正想表达的有可能是 Yes，有可能是 Maybe，也有可能是 No，但还是有办法快速弄清楚意思。

而在英国，尤其是刚刚接触的合作伙伴，我感觉他们每个人好像在头上绑了一条写着"戒备"两个字的头巾。如果我提出一个问题或者要求，他们就会先问我的意图、我的情况，直到问得我快要失去耐心。但是一旦经过痛苦的试探期，彼此了解之后，英国人又是我最喜欢的商业合作伙伴。因为一旦建立了联系和信任，我可以看到这个国家过去几百年和全世界做生意的光芒体现在这些合作伙

伴身上，他们始于戒备，在分寸感中磨合和建立信任，最终忠于双方的共同利益。

基于我的固有印象，我不会在完全陌生的情况下和英国人打招呼。但是，当我慢慢靠近的时候，我发现圆桌上的红酒是一瓶2005年的啸鹰（Screaming Eagle）![1]

这两个人在分一瓶2005年的啸鹰！这瓶酒足以使我打破不在陌生环境下和英国人搭讪的习惯。我停下来问是否可以分一杯酒，并且告知我愿意付钱。英国人依然没有说 Yes 或者 No，一个比较瘦的人打量了我一下，介绍自己："我是斯蒂芬·伯顿。"

我说："斯蒂芬·伯顿？我知道有个允许人们使用红酒进行抵押贷款的名为波尔多酒窖的公司，创始人也叫斯蒂芬·伯顿。"这个瘦瘦的英国人说："我就是，请坐。"书中不仅有颜如玉和黄金屋，还有好喝的葡萄酒。在墨西哥一个无聊的下午，我停在斯蒂芬·伯顿面前要了一杯免费的2005年的啸鹰！

波尔多酒窖属于P2P（互联网借贷平台）贷款。P2P贷款是个人对个人的贷款，债权人和债务人通过P2P贷款平台连接完成借贷业务需求的对接。2015年是P2P贷款这个细分领域在中国的发展期中一个非常特殊的时间点。2015年，中国的创业者和投资人已经把P2P贷款带入中国有7~8年，和很多其他行业一样，在中国的金融

---

[1] 资料来源：http://www.screamingeagle.com/。

第三章 全球实践

环境下，P2P贷款行业发展迅猛，颇具特色。

我还记得在2014年年底到2015年年初的时候，整个互联网充斥着P2P贷款公司的广告，从江南的实体行业到北上广的众多高科基金的各路资本纷纷涌入这个领域，几乎所有科技媒体的关注点都放在哪个公司融了多少钱。大部分P2P贷款的"投资者"，可以分为不是很专业和稍微专业这样两个群体。不是很专业的群体只关注每个平台的投资回报率如何，稍微专业的群体一般是创投圈的从业者，他们会考虑每个P2P平台背后的运营机构。

忘记在哪本书上看过一句话："对于绝大多数没有经过投资训练的人来说，当遇到真正的投资机会时会因为不满意真正合理的回报而踌躇不前，而当遇到投机机会时会丧心病狂地压上身家性命。" 2014年年底到2015年年初的那段时间，这句话在我脑海中不断重复。

P2P贷款作为世界上最古老的商业行为，并没有问题。P2P贷款在中国出现的一些违规现象，是因为有些监管不够完善和个别创业公司的违规操作。也正因为这样，我对波尔多酒窖充满了好奇，我特别想知道这个引领了红酒P2P贷款行业的公司是如何完成风控的。

在这个美好的下午，我丝毫没有掩饰我对波尔多酒窖的好奇，大约两个小时，我喝了两杯葡萄酒，问了斯蒂芬很多关于波尔多酒窖的问题。在心理学上有一个很著名的理论："人们对于已经投资的人际关系和自己已经建立的形象更为珍惜"，这个心理被很多人用在销售领域。最经常被提及的一个案例就是，如果一个销售员小伙子敲开一家人的门，开口就销售自己的产品，大多数情况会吃闭门羹。但是如果这个小伙子敲开门问："阿姨，我已经跑了一个下午去推销，太渴了，您是否可以给我一杯水喝？"施水的人因为"投资"了一杯水而建立了慷慨大方的形象，所以不太会赶走销售人员，销售人员也更容易介绍产品、完成销售。

我时常觉得，在那个下午，也许因为斯蒂芬慷慨地给了一个中国小伙子两杯2005年的啸鹰，这两杯红酒的"投资"很显然比一杯水的投资多了上百倍，所以在随后的一年里，斯蒂芬为了自己的"投资"和已建立的形象，几乎对我所有关于波尔多酒窖的问题保持令人吃惊的开放态度和耐心。

整整一年时间，我和斯蒂芬保持密切的交流，并且去伦敦亲眼见证了整个运作流程。一年以后，作为一个普通的投资者，我对如何评判P2P贷款是否是一个好的平台有了自己的模型。

尽职调查波尔多酒窖

我必须要强调的是，这部分没有励志的话语，没有太多搞笑的段子，没有美妙的红酒和浪漫的邂逅，没有漂亮的姑娘和好玩的狂欢，有的只是枯燥地对一个公司进行背景调查，阅读每一份可以找到的相关文件，和觉得相关的每一个人进行深度谈话，并通过自己的方式去理解。这才是一个全球创猎者的日常工作。如果你只是要

第三章 全球实践

找到靠谱的 P2P 平台,可以参考我的决策流程。(我选择 P2P 平台的模型仅供大家参考,我对各位的投资决策不负责任。)

经过与波尔多酒窖的紧密沟通和实地考察,我总结了一个评判 P2P 贷款平台是否可靠的模型。这里所进行深入调查的只是传统的 P2P 贷款业务,不涉及债券转让、担保模式、平台模式等其他模式。模型如下图所示。

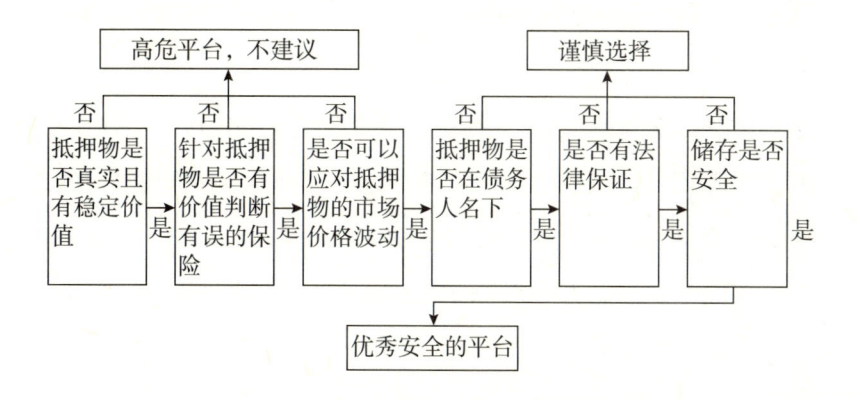

```
            高危平台,不建议                        谨慎选择
    ┌──────────┬──────────┬──────────┐    ┌──────────┬──────────┬──────────┐
    否          否         否          否         否         否
┌────────┐┌────────┐┌────────┐┌────────┐┌────────┐┌────────┐┌────────┐
│抵押物是││针对抵押││是否可以││抵押物是││是否有法││储存是否│
│否真实且││物是否有││应对抵押││否在债务││律保证 ││安全   │
│有稳定价││价值判断││物的市场││人名下 ││       ││       │
│值     ││有误的保││价格波动││       ││       ││       │
│       ││险     ││       ││       ││       ││       │
└────────┘└────────┘└────────┘└────────┘└────────┘└────────┘
     是         是         是         是         是         是
                              ↓
                        优秀安全的平台
```

我会根据以上模型所列的评判流程选择 P2P 贷款平台进行投资理财。下面我将详细地讲解每一个步骤并用波尔多酒窖作为例子进行说明。

第一步:确认平台是否可以证明债务人的抵押物真实且有稳定价值。

P2P 贷款在互联网上发展是从 2007 年开始的,但是在互联网出现之前它已经是人类历史上古老的行为之一了。P2P 贷款由互联网进行宣传和连接需求，但其模式本质上没有任何改变，这其中最重要的是债务人需要有真实且价值稳定的抵押物。如果在几百年前，隔壁老刘过来找你说："我要娶老婆着急用钱，村东两亩地抵押给你，借我点钱吧。"第一，这块地你可以去看是否真的属于隔壁老刘，确保其真实性。第二，这块地上可以种棉花，棉花可以做成棉袄，穿着棉袄冬天不冷，也可以种玉米，让自己肚子不饿，这都是有价值的。第三，这块地种的棉花和玉米基本可以保证收成，地的价值也不会忽高忽低，因此市场价格稳定。基于这三点，你才会考虑其他。如果老刘说："我天资聪颖、骨骼清奇、打得一手好麻将，你借我钱吧。"你肯定不会考虑。确保债务人有真实且价值稳定的抵押物，是P2P贷款中最重要的事情之一。

任何无法有效证明债务人的抵押物是真实、有价值且价值稳定的贷款平台，都是那个说"我天资聪颖、骨骼清奇、打得一手好麻将，你借我钱吧"的老刘。

在评价抵押物真实且有稳定价值的过程中需要注意两点：第一，要确保抵押物的价格在市场中透明可查；第二，最好是第三方审查抵押物质量，且审查流程透明可查。

首先，抵押物的价格在市场中透明可查，以收藏性红酒市场为例。收藏性红酒的价格评定和交易方式在过去十几年里发生了巨大的变化。收藏性红酒由于量少，很难买到。以前，当一个买家想买某款酒，或者一个卖家想卖某款酒的时候，他会打电话给专门的收藏性红酒代理商，代理商会与行业内的其他代理商、酒庄、收藏性机构沟通，查询是否有货并询问价格。这个过程经常需要几个月，并且无论是买家还是卖家都无法确保自己可以拿到最好的价格。帮助买家或者卖家的代理商几乎决定了交易的一切。

有这样特性的行业在过去十几年内几乎都受到了互联网的剧烈冲击，收藏性红酒行业也不例外。在 2010 年以后，金融行业开始意识到收藏性红酒有稳定且丰厚的长期投资回报，并且交易量巨大，尤其是在伦敦和纽约两个城市。所以，很快出现了类似 Liv-ex 的收藏性红酒的互联网平台，这些平台更像"红酒的股票交易市场"。人们在平台上发布自己对收藏性红酒的需求和出价，平台记录所有人的出价，实时生成收藏性红酒的市场价格。所以，大部分收藏性红酒的市场价格是公开透明的。

其次，最好是第三方审查抵押物质量，并且审查流程透明可查。当某一类抵押物的确在市场上有公开透明的价格时，下一步需要做的就是判断这个抵押物的真伪。针对收藏性红酒来说，大家可以方便地查询某一年某一款酒的市场价格，下一步就是要确保抵押的这款酒是真酒，不是随便弄了点果醋贴上了标签。确定真实性的同时也要确保其存放合理，因为红酒对存放环境有极高要求，不能因为不合理的存放环境降低了酒的质量。

所有在波尔多酒窖做抵押的红酒，首先，会由波尔多酒窖进行第一轮质量审查，审查的重点是酒的出处（要确保从酒庄出来以后

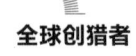

的全程可追溯)、酒的质量。然后,波尔多酒窖会准备一份内部的价格评定报告。最后,第三方平台 Wine Owners① 介入进行评定,Wine Owners 从自己的交易平台(截至 2017 年 6 月约有 18 000 名注册用户)以及全球著名的收藏性红酒交易平台 wine-searcher.com 上抓取数据,使用算法得到评定价格。被评定的红酒在这个价格下可以极快速地在市场上交易。

第二步:确认针对抵押物是否有价值判断有误的保险。

我建议大家在进行投资的时候,不断重复巴菲特的投资金律。

金律一:不要赔钱。

金律二:不要忘记第一条金律。

落实在具体行动上,在每一个决策步骤都假设自己做出错误的判断时是否有补救的机会。对应在收藏性红酒 P2P 贷款上,既然第一步最重要的是确保被抵押的红酒真实且有稳定价值,虽然前文说了那么多的措施和保证,万一判断错误了呢?万一是一批贴标的果醋,掩饰得极好没有被看出来呢?万一有几箱酒保存得不好出现了如橡木塞坏掉的情况,导致酒坏了呢?虽然根据所有的步骤,这样的事情发生的概率极小,但是你和我都不愿意看到这些小概率事件的发生。所以,这个时候就需要一份保险,确保在这些小概率事件

---

① 资料来源:https://www.wineowners.com/。

第三章　全球实践

发生时，我们依然受到保护。

第三步：确认平台是否可以应对抵押物的市场价格波动。

作为一名投资者，在确保了抵押物真实且有稳定价值以后，我们需要考虑的是如何应对抵押物的市场价格波动。如果抵押物的市场价格经常剧烈波动，或者P2P平台对抵押物的市场价格波动没有相应的对策，则视为有巨大的潜在风险，我自己不会使用这样的平台进行投资。

波尔多酒窖的做法是，在进行收藏性红酒评估后，债务人的借款额度只能是抵押物市场价格的35%。也就是说，如果债务人想借35万美元的现金，收藏性红酒的市场价格必须至少为100万美元。35%的比例不可更改，债务人只能接受或者拒绝。

关于如何应对收藏性红酒的市场价格波动，波尔多酒窖会在整个贷款期间关注抵押红酒的市场价格波动，如果抵押红酒的市场价格降低，导致借款金额达到抵押红酒市场价格的45%，根据协议，债务人需要在10个工作日内添加更多的合规红酒进行抵押，或者偿还部分贷款，使借款金额恢复到所有抵押红酒市场价格的35%。如果债务人没有按照合同添加更多红酒进行抵押或者偿还部分贷款，债权人可以要求波尔多酒窖出售已经抵押的红酒偿还贷款。截至2017年6月底，在所有波尔多酒窖完成的借贷交易中，只有两个贷款在贷款期间内因为市场波动，债务人没有按照要求添加更多红酒进行抵押或者偿还部分贷款。针对这两个案例，波尔多酒窖根据合同销售了部分抵押红酒来偿还债权人的贷款，整个流程需要两周。

波尔多酒窖这方面的管控在其网站上的贷款确认函（facility letter）中有详细说明，有兴趣的读者可以仔细阅读。①

对我来说，所有没有达到上面三条中任何一条的P2P理财平台，都属于高危平台。我自己不会使用这样的平台进行理财，同时建议读者遇到这样的平台时要慎重。

第四步：确认抵押物是否在债务人名下。

判断一个P2P贷款平台是否安全的第四步，是确认抵押物是否在债务人名下。所有波尔多酒窖进行的借贷交易，都是以葡萄酒为动产的动产质押。动产质押是指债务人或者第三人将其动产移交债权人占有，将该动产作为债权的担保。债务人不履行债务时，债权人有权依照《担保法》的规定以该动产折价或者以拍卖、变卖该动产的价款优先受偿。前款规定的债务人或者第三人为出质人，债权人为质权人，移交的动产为质物。②

也就是说，如果在波尔多酒窖的债务执行期间，当债务人不履行债务时，债权人无须去法院申请所有权，可以直接通知波尔多酒窖将抵押红酒进行拍卖或者打折销售，变卖的价格首先偿还债权人，其余的返还债务人。

---

① 资料来源：https://bordeauxcellars.com/documents.html。
② 资料来源：https://en.wikipedia.org/wiki/Chattel_mortgage。

第三章 全球实践

第五步：确认是否有法律保证。

在评估 P2P 平台风险的时候，确认是否拥有法律保证是非常重要的一步。波尔多酒窖所有的贷款，7 天之内会在英国皇家司法院（Royal Courts of Justice）进行登记。登记后，贷款的司法院证明、收据，以及唯一认证号码，会一起提供给债务人和债权人。

第六步：确认储存是否安全。

对于所有 P2P 平台，最后要调查的就是抵押物储存的安全性。对于不同的抵押物，如不动产、票据、艺术品、贵金属、红酒，储存都有不同的标准。

波尔多酒窖平台上的红酒都有安全的存放地点。我每次进入波尔多酒窖在西伦敦富勒姆（Fulham）存放红酒的建筑，都感觉像进入了一个私人银行的保险库。全天 24 小时安保，还有无死角监视器，从大门到酒库需要经过两道门，每道门需要输入 11 位的密码。每一个债务人的酒被单独储存在有密码保护的柜子中。整个酒库在地下室，被厚厚的水泥墙包围，全楼层都有备用电源以备不时之需。为了确保更好地储存红酒，全楼层保持在 12 摄氏度的温度、70% 的湿度。同时，酒库中所有的红酒都有全险，防止包括水灾、火灾、温度失衡、偷盗等带来的损失。

经过一年的实地考察、深入研究，我认为波尔多酒窖的模式是我见过最稳定地获得投资回报的商业模式。（我希望所有的投资者自己做调查，为自己的行为负责，这里所列的并不是正式的投资

全球创猎者

推荐。)

同时,波尔多酒窖对于中国的红酒创业者有不同的意义。如果中国红酒创业者可以发掘收藏性红酒的金融价值,并且以波尔多酒窖为标杆,就很有可能在红酒创业这个方向上脱离大家都在尝试的"卖红酒"维度,换一个不同的玩儿法。2016年年初,我曾在36氪上写了《中国红酒创业者,换个玩儿法》一文,简要介绍了波尔多酒窖的做法。①

| 迭代·机会 |

因为篇幅有限,我无法在这里公开所有波尔多酒窖的细节文档。关注微信公众号"diqiutun",可以看到一份波尔多酒窖隐去姓名的真实贷款文件,其中包括债务人、债权人的文档,红酒的价格评估,英国皇家司法院的登记回执等材料。如果你对以贵金属、艺术品、收藏性红酒为抵押物的互联网金融感兴趣,无论你是创业者还是投资人,这份文档是很好的参考资料(所披露的文档已经获得波尔多酒窖授权)。

我想继续鼓励中国的创业者考虑下面几个创业方向:

1. 以SWAG(贵金属、艺术品、收藏性红酒)为抵押物的互联网金融平台。

---

① 资料来源:https://36kr.com/p/5044336.html。

2. SWAG（尤其是收藏性葡萄酒）的投资平台。

3. 对 SWAG 进行市场交易追踪、评估市场价格的平台。

我在过去的几年中非常关注以贵金属、艺术品、收藏性红酒为抵押物的金融平台，并且和一些海外公司的创始人有深入接触。我个人认为，以贵金属、艺术品、收藏性红酒为抵押物的金融平台未来会在中国落地发展。

这整整的一节，从我送父亲葡萄酒，到研究中国本土的红酒领域创业者，到发现通过 SWAG 作为抵押物的 P2P 平台。我想再强调一遍：中国创业者提高对海外信息的敏感度，可以让自己脱离同质化的竞争，从另外一个维度快速进入市场。这个世界刚刚进入对中国创业者的早期红利期，希望有更多的中国创业者可以猎取这些散布在世界各地的优质商业机会。

投资是最没有资金门槛的行业

> 投资并不需要等你财富自由、钱足够多的时候才去做，投资是一种习惯和思维方式，是一个最没有资金门槛的行业。

对于刚进入红酒投资领域的年轻人来说，红酒投资的学习看起来很简单，但是事实上它的学习曲线极其陡峭。简单来说，需要从两方面来评价一款红酒的投资价值。一是产地。世界上有很多著名的收藏性红酒的产区，比如法国的波尔多和勃艮第产区、意大利的托斯卡纳产区、美国加利福尼亚州的纳帕产区，都是被人们认可的收藏性红酒的产区。二是年份。评判红酒收藏价值的时候，葡萄采收的年份是另外一个关键信息。因为不同年份的天气状况完全不同，葡萄的生长条件不同，造成红酒的品质也不同。年份这个评判标准对法国红酒尤其重要，就算是同一酒庄的酒，2005年的和2007年的在收藏级别上也差很多。

我们可以非常容易地找到那些在收藏性红酒领域响当当的名字，比如木桐（Mouton）、玛歌（Margaux）、拉菲（Lafite）、拉图（Latour）等。

我想让所有年轻人理解的是，投资并不需要等你财富自由、钱足够多的时候才去做，投资是一种习惯和思维方式。当一个年轻人开始有这样的思维和习惯并且开始执行的时候，投资的门会对你越开越大。对于红酒投资来说，除了上面动辄上千美元一瓶的收藏性红酒，还有很多100美元以下的收藏性红酒。以法国波尔多的红酒为例，2000年、2005年、2009年、2010年、2015年的红酒的年份都很好。2017年，我可以找到的不错的收藏性红酒包括：评分很高的2009年的肯德布朗（Cantenac Brown）：65美元；非常好的班尼杜克（Branaire Ducru）：80美元；2010年的力士金（Lascombe）：110美元。

第三章 全球实践

对于所有像我这样的新手来说,如果不知道什么年份是好的年份,建议大家关注像罗伯特·帕克(Robert Parker)这样在业内出名的"毒舌",如果从他口中说出某个产区哪一年份好,那么你拿好钱包去买就对了。罗伯特宣称2013年是他认为有生以来纳帕产区最好的一年,所以像啸鹰这样的酒很快就售罄了。但是,就在这一刻,我可以在网上找到出自传奇酿酒师海蒂·巴雷特(Heidi Barrett)之手的2013年的奥索梅(Au Sommet):280美元;来自科里森(Corison)酒庄2013年的赤霞珠:110美元;来自克里夫雷迪(Cliff Lede)酒庄2013年的赤霞珠:80美元。对于大多数刚毕业的年轻人,这些酒都在其可承担的范围内。

更重要的是,当一瓶收藏性红酒在你手上的时候,你会感觉到这是上天和酿酒师塑造的一件艺术品,你会真切地感觉到它的稀缺性;同时,你还会明白一个国家的货币可以贬值甚至一文不值,但是你手中的酒绝不会。当你开始使用人们共同认可的稀缺性对抗通货膨胀的时候,就是你的投资意识觉醒的时候。

总结

- 全球创猎者在遇到任何商业机会的时候，应该用不同的语言来搜索这个商业机会涉及的历史，思考这个商业机会在不同的时间、不同的地点以何种面貌出现。
- 有效地把众多款式的红酒卖给有完全不同味蕾的买家，这是"卖红酒"这个大方向上的创业者要解决的根本问题。
- 用不可复制的、人们共同认可的稀缺性，来对抗通货膨胀。
- 以贵金属、艺术品、收藏性红酒为抵押物的金融平台，是中国创业者值得关注的方向。
- 投资并不需要等你财富自由、钱足够多的时候才去做，投资是一种习惯和思维方式，是一个最没有资金门槛的行业。

澳大利亚：自我金融教育，找到和自己金融理念相同的人，投资他！

2016年11月底，在美国得克萨斯州达拉斯市中心的皇冠酒店，我和两个朋友一起吃早餐。这里是我去过的所有皇冠酒店里餐厅最昏暗的一个，我刚从中国飞到美国，昏暗的环境一直让我感觉当时是晚上，但是餐桌上的话题让我很振奋。

我们的基金管理公司获得了澳大利亚一家上市地产公司的控制权，董事会的两票投票权已经握在我们手中。早餐会的主题是如何重组业务，评估北科罗拉多一个学生公寓项目。

作为同时拥有数学和计算机专业知识的人，我非常幸运地在毕业以后认识了一些被我视为导师的人，这些导师在金融方面给我的指导让我受益终身。如果我能给中国年轻人一个建议，这个建议一定是：在教育方面投资自己。如果只能选择一个方向，那么一定是在金融方向不停地学习和实践。

自我金融教育是一个漫长的过程，我期待通过这一节让大家认识到自我金融教育的重要性，并立即开始自我金融教育，寻找有相同金融理念的人去投资他们。

希望我的故事对你们有一些小启发。

现代金融系统，鱼和渔

> 我深深地觉得，世界上很多歧视是对缺乏金融教育的人的歧视。

2015年9月的一个傍晚，我坐在一个学校体育馆阶梯座位最上面一层的角落里，怀里抱着花，望着她。

她戴着硕士帽，身边坐着很多同学，他们也戴着硕士帽坐在场中央等待毕业典礼开始。

她是我毕业后的第一个私人助手，与我共事两年多，我们暂且叫她S。S来自厄立特里亚，这个听起来比较陌生的国家在北非，具体在苏丹以东、埃塞俄比亚以北，与也门和沙特阿拉伯隔红海相望。

S的父母是美国的第一代移民，和其他第一代移民一样，S的父母通过勤劳努力在美国稳定下来。后来，她的父母还有了4个孩子，这4个孩子都是大学毕业，老三甚至考上了法学院。S是最小的孩子，长长的鬈发、亮亮的眼睛、尖尖的下巴，标准的漂亮姑娘。关键是，漂亮的S非常勤奋，从不轻言放弃。

"我想去攻读硕士学位"，我还记得两年前她低着头站在办公室门口对我说。

第三章 全球实践

"为什么?"

"因为硕士有更高的工资。"

"我们可以谈工资。"

"我不是这个意思,如果成为硕士,以后会有更高的工资。"

"我不在乎学位。"

"可很多人在乎。"

"你的学费怎么办?"

"学生贷款。"

……

毕业典礼开始了,校长说:"我非常开心看到了我们学校今年学生的就业率创新高,我们的毕业生能找到称心的工作。"掌声、欢呼声、口哨声一时齐发,一排排头戴硕士帽的年轻人拍打彼此的肩膀,笑闹着。我知道 S 也在里面,我甚至可以想到她漂亮的笑脸。

一刹那,我觉得,如果这个世界真的有歧视的话,一定有很多是对缺乏自我金融教育的人的歧视。

以美国为例,美国每年有大量的资金花在教育上,学生们获得教育,学习到技能,获得工作,但是大多数学生没有获得金融教育,未来也不会进行自我金融教育。他们在毕业的时候对"金融"的认识只停留在"月薪多少""学生贷款多少"的层面。

许多学生毕业后以找到一份工作为目标,如果有更高的目标,就是找到一份工资更高的工作。没有人告诉他们"钱"是如何被创造出来，在社会这样复杂的系统里如何被分发，又是如何造成每个人的经济地位不同的。就算我一直读到博士，也没有人跟我说清楚，甚至没有人跟我提及这些关乎个人命运的重要问题。

对于许多毕业生来说，成功的标志是找到一份工作，而这份工作，无论好坏，总会有工资。

古时候，禁锢一个奴隶，你需要做的是让他依靠你且无法独立。你今天给他一条鱼让他恢复体力，这条鱼仅仅够恢复体力。你明天又给他一条鱼让他恢复体力，这条鱼也仅仅够恢复体力。但是，你绝不会告诉他鱼是从什么地方来的，又是如何一步步分发到他手里的。

现代，每天的鱼变成了每月的工资。但是，我们的教育还是没有告诉我们，我们手中的钱是什么，是如何产生的，是如何一步步分发到我们手中的，对于我们有什么影响。

授之以鱼不如授之以渔。我们手中的大多是鱼，不是渔。我知道，手中只有鱼的人，就像是"被禁锢的奴隶"。

很多完成"教育"的学生，到头来手中只有一条"鱼"。就像 S 一样，她认为更好的生活来自受到的更高的教育，但她没有意识到她只是获得了"鱼"。这条"鱼"会限制她的视野，禁锢她的思想，使她看不清自己真正的处境。

如果你没有受过金融教育，你看到的世界也许是被 P 过的

这部分内容的目的不是告诉大家如何系统地完成自我金融教育。

第三章　全球实践

自我金融教育是一个不断学习的过程，事实上我也在学习的过程中。我希望做的是抛开那些术语、公式，用生动的语言向大家展示，当一个人进行自我金融教育后，他/她看到的世界是多么与众不同。

我在大学一年级的时候有了人生第一个笔友，她是重庆姑娘，姓马。二三十封信以后我收到了马姑娘的一封回信，拆开信，她的照片从里面滑了出来。照片上的马姑娘骑在一个石狮子上，没有化妆，一只握拳的手高举过头顶，脸上的笑容很灿烂。那时候的照片自然真实，你看一个女孩子的照片，就能清楚她是否是你喜欢的类型。

但智能手机出现以后，事情就变了。女孩子对其照片添加各种美颜效果都是轻易可以完成的事情。你在手机上收到女孩子发给你的照片，但有可能她站在你面前，你也不认识。

如果没有进行自我金融教育，你眼中的世界很可能像添加美颜效果的美女，很多人可能还没看过这个世界的"素颜"。

货币，是对这个世界进行 P 图（图形美化处理）的工具之一。

在过去几千年人类使用货币的历史中，大部分时间，货币作为兑换的媒介是有真正价值的，比如贝壳、金银、盐、大块的石材、谷物等。在这大部分时间里，使用纸币的人会被认为是骗子。

而在不远的过去，一小群人决定在一些白纸上印特殊的图案，作为国家的货币。这些被称为"货币"的纸就这样被创造出来。

随后，这些"货币"又被定了价格，这张印有这样图案的纸是

50美元，那张印有那样图案的纸是100欧元。定了印有不同图案的纸的价格，也就间接定了你身边一切东西的价格：你手中的星巴克饮料、球鞋、早餐、电影票、给女朋友买的碎花裙……

货币的出现扭曲了用货币定义事物的真正价值。在银行，你很可能见过宣传单上理财产品的投资回报率，但是不会有通货膨胀率。如果理财产品的投资回报率是4%，通货膨胀率是3%，那么这个理财产品的真实投资回报率只有1%。

如果3%的差异不算太扭曲的话，我们可以再举一个例子。过去一年，全世界哪个国家的股票保持牛市？不是美国，也不是中国，是委内瑞拉。在过去的一年里，委内瑞拉的股市指数从2016年7月份的1万多点到了现在的超过12万点[1]，如下页图所示。所以如果你买了委内瑞拉的指数基金，一年之内你就赚了10倍左右。可是，委内瑞拉的股市是用该国货币玻利瓦尔衡量，因为恶性通货膨胀，玻利瓦尔和美元汇率从官方的10∶1曾涨到黑市的6 500∶1左右，所以用美元衡量你的股票价格还是在跌。那么用人民币、欧元、日元衡量呢？

我想你已经明白我的观点了，从你拥有的货币的角度看价格是扭曲的。很多人说，我不会持有委内瑞拉的玻利瓦尔这样的货币，我持有最"坚挺的货币"，比如美元。

---

[1] 资料来源：https://tradingeconomics.com/venezuela/stock-market。

第三章　全球实践

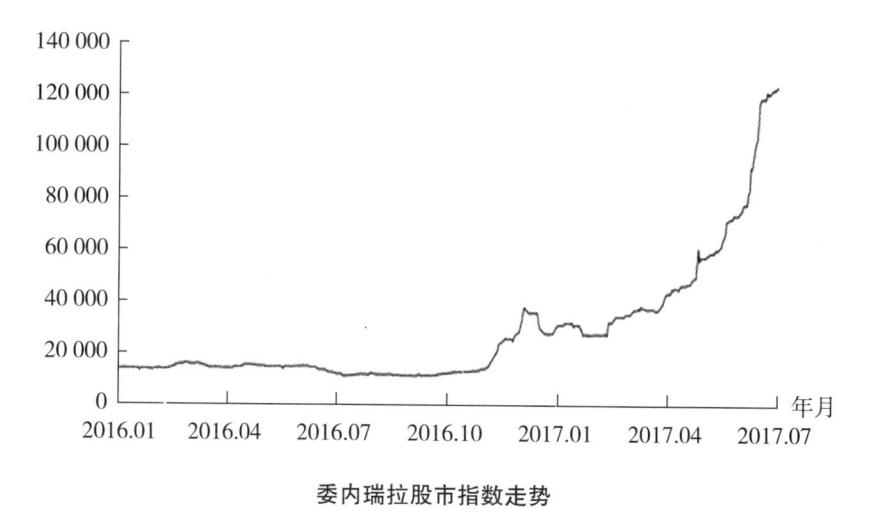

委内瑞拉股市指数走势

没有"坚挺"的货币，只有"坚挺"的自我金融教育。我们换一个方式看货币。

1986年《经济学人》(The Economist)杂志发布了第一个巨无霸指数（Big Mac Index）①，这是一个非正式的经济指数，用来测量两种货币的汇率在理论上是否合理。

理论上，纽约、东京、上海、里约热内卢等世界各地的城市的肯德基巨无霸汉堡价格应该是一样的。但因为巨无霸汉堡是用当地的货币计算，所以汉堡价格的差异体现了币种之间的扭曲估值。

什么是扭曲估值？

---

① 资料来源：http://www.economist.com/content/big-mac-index。

全球创猎者

比如根据《经济学人》上的数据①,巨无霸汉堡在瑞士的价格是 6.5 瑞士法郎,约为 6.35 美元,在日本的价格是 380 日元,约为 3.26 美元。相同的巨无霸汉堡,在瑞士的价格是在日本的约两倍,所以日元相对于瑞士法郎来说被低估了。

根据巨无霸指数,巨无霸汉堡在世界上大多数国家的售价高于美国的售价,也就是这个指数认为世界上大多数货币相对于美元来说被低估了。

当然,有很多其他因素使巨无霸汉堡在不同的国家和地区的价格不同,但我并不是要通过这个例子说明美元为什么被高估了,而是向读者介绍一种可以判断货币是否被低估的方法,同时希望读者保持独立自主的想法,通过自我金融教育进行对事物真实价值的判断。

以下是我提供的一份书单,这些书有一个共同的特点:没有把金融概念包装在复杂的理论和公式中。希望读者可以通过这份书单开启自我金融教育之路。

自我金融教育书单

《富爸爸,穷爸爸》——罗伯特·清崎

---

① 资料来源:https://www.economist.com/news/finance-and-economics/21714392-emerging-market-currencies-and-euro-look-undervalued-against-dollar-our-big。

第三章　全球实践

《富爸爸投资指南》——罗伯特·清崎

《第二次机会》——罗伯特·清崎

《街头智慧：罗杰斯的投资与人生》——吉姆·罗杰斯

《水晶球》——吉姆·罗杰斯

《罗杰斯环球投资旅行》——吉姆·罗杰斯

《投资大师罗杰斯给宝贝女儿的12封信》——吉姆·罗杰斯

Currency Wars——James Rickards

The Death of Money——James Rickards

The Creatures from Jekyll Island——G. Edward Griffin

The Dollar Crisis and The New Depression——Richard Duncan

The Crash Course——Chris Martenson

Makers and Takers——Rana Foroohar

What Works On Wall Street——James O'Shaughnessy

The Warren Buffett Way——Robert G. Hanstrong

Blood in the Streets——James Dale Davidson, Lord William Rees-Mogg

The Great Reckoning——James Dale Davidson

The Millionaire Next Door——Thomas J. Stanley，William D. Danko

Atlas Shruggedby——Ayn Rand

全球创猎者

找到听懂巴菲特话的人

自我金融教育让我认识到个人的金融解决方案包括多方面，但不是每一个方面我都可以理解并且去执行，所以我可以做的事情是寻找和我金融理念相同的人，投资他。

我想从一个我非常敬仰的投资者沃伦·巴菲特（Warren Buffett）说起。

每年5月份，伯克希尔·哈撒韦公司（Berkshire Hathaway Corporation）在奥马哈召开股东大会。这个被大家称为"巴菲特股东大会"的活动已经成为全球投资者的朝圣之旅。每年无数旅游、理财、游学等机构利用这个全球著名的投资集团及其掌门人的名义组织"投资者朝圣之旅"。

事实上，我曾用谷歌（Google）搜索了和"朝圣之旅"相关的词条。

搜索"朝圣之旅"时，一共出现了406 000个词条。

搜索"投资者朝圣之旅"时，一共出现了268 000个词条。

搜索"耶路撒冷朝圣之旅"时，一共出现了105 000个词条。

这是非常有意思的一组数据对比。

每到5月初，各大媒体上遍布"巴菲特独家对话""中国投资人酒会"等相关活动的宣传信息，我的微信朋友圈也完全被老爷子刷屏了。作为全世界顶级聪明和勤奋的人，老爷子顽皮地把跟随他的

第三章 全球实践

人分成"听巴菲特话的人"和"听懂巴菲特话的人"。对于这两类人,老爷子给了自相矛盾的建议,但是同时两类人都觉得建议无比受用。

无论是在伯克希尔·哈撒韦公司的股东大会上面对股东,还是面对"小皇帝"勒布朗·詹姆斯(LeBron James),巴菲特都推荐指数基金。

指数基金的投资理念是在证券市场上选定一部分符合条件的证券,选定的证券被赋予一个权重并共同构成一个指数,基金经理按照指数购买证券,建立自己的投资组合。例如著名的先锋500指数基金(Vanguard 500 Index Fund)跟踪的是标准普尔(简称"标普")500指数(S&P 500 Index)。这背后的逻辑很简单:因为任何单个公司的股票波动不会对指数基金产生影响,分散投资从而达到分散风险的目的。

听起来很合理,而且有很多论据支持。最著名的是2007年巴菲特的10年赌局。2007年,巴菲特和对冲基金经理赌50万美元,巴菲特选标普500指数基金,对冲基金经理挑选主动基金组合,比较未来10年的收益高低。2016年年底,标普500指数基金年化收益率为7.1%,同期基金经理挑选的基金组合的年化收益率为2.2%。很多文章使用这个例子向人们推荐指数基金。

最近,家族票房(Home Box Office,简称HBO)电视台播出纪录片《如何成为巴菲特》(Becoming Warren Buffett)[1]，老爷子在影片开头便摆出了投资的两条金律。

金律一：永远不要亏钱。
金律二：永远不要忘记金律一。

那么，大家听老爷子的话追捧指数基金的时候，是否仔细调查了里面的公司是什么样子呢？拿标普500指数基金来说，5个公司［阿尔法特（Alphabet）、脸谱网（Facebook）、亚马逊（Amazon）、微软（Microsoft）和苹果（Apple）］贡献了全部的27%的回报，10个公司［阿尔法特、脸谱网、亚马逊、微软、苹果、菲利普－莫里斯国际（Philip Morris International）、维萨（Visa）、家得宝（Home Depot）、强生（Johnson & Johnson）、康卡斯特（Comcast）］贡献了37%的回报[2]。

不只是前10名的公司表现抢眼，剩下的490个公司也有非常引人注意的。比如网飞（Netflix），作为客户我非常喜欢这家视频点播网站的服务，但是作为投资者，我一定遵从老爷子的建议远离这家估值700亿美元、过去12个月"烧"了17亿美元、深陷债务危机且近期无望获利的公司。在标普500指数基金的公司里，类似网飞

---

[1] 资料来源：http：//www.hbo.com/documentaries/becoming-warren-buffett。
[2] 资料来源：http：//www.zerohedge.com/news/2017-04-28/just-these-five-companies-account-28-sps-2017-returns。

第三章 全球实践

这样不断赔钱、深陷债务危机、近期无望获利并且股指很高的公司不是1家，也不是10家，而是上百家。

有生活经验的家庭主妇不会在超市里不加挑选地买一堆蔬菜而只是因为摊主告诉你"这些蔬菜还不错"，她们会用心挑选每一种蔬菜，查看质量，询问价格。

同理，巴菲特老爷子知道大多数没有投资经验也不愿学习的人，不会动手指查看公司背后的信息（即便这些信息是公开的），不会阅读他的老师本杰明·格雷厄姆（Benjamin Graham）那本厚厚的《聪明的投资者》（The Intelligent Investor），不会读他每年写的《巴菲特致股东的信》[①]，甚至不会仔细考虑他不断强调的两条投资金律。这些人围绕在他的周围，就等着听他一句话，等待一道点石成金、不费力稳赚钱的"投资圣旨"。等待这些人的是类似标普500指数基金的产品，总体听起来合乎情理，长期表现说得通，但一旦认真分析会发现里面很多是不符合老爷子的标准的。就好像没有任何生活经验的人冲进超市对服务员说："我没有见过萝卜，没有见过白菜，也不愿意了解这些事，你告诉我怎么不费脑子买到还不错的菜。"所以，这些没有生活经验也不愿意学习的人回家会发现包裹里一半是烂白菜、蔫了的茄子和发霉的土豆。

对于那些真正听懂巴菲特话的人来说，他们了解脚踏实地学习

[①] 资料来源：http://www.berkshirehathaway.com/reports.html。

分析一个公司的重要性，了解深度挖掘数据的重要性，他们跟着老爷子学习如何发掘那些真正有价值的股票。就像我们跟随一个有丰富生活经验的妈妈在菜市场看菜的颜色、闻味道、问价钱，最后选到好的蔬菜一样。

巴菲特给的建议看似矛盾，但是没有对错之分。关键是，你选择哪一类。

我想做后者，但是我没有时间去仔细研究和执行，所以我要找到听懂巴菲特话的人，投资他。

选人之前的自我金融教育是一个必要的过程，从2012年年底开始我订阅了一些收费的股票推荐服务。国外的付费内容服务，在金融领域已经发展得非常成熟，世界各地都有大V（意见领袖）通过自己的理论进行分析和选取股票。我选择订阅收费服务的标准有两个：提供内容的人一定是理论结合实战的，必须自己购买股票；必须透明地披露实战的数据，结合实战数据解释背后的逻辑。

从2012年年初到2016年，阅读这些股票的实战报告让我在分析国际形势、国家战略位置、行业特殊性，以及如何发现、分析公司方面受益匪浅。4年过去了，我依然没有我的股票账户，我更加确定，股票不是我擅长的，我需要找到一个金融理念和我相同的人帮我做这件事情。慢慢地，一个名为"四维投资"的报告引起了我的注意。

报告是一个叫Tim（蒂姆）的基金经理和股票分析师写的，他

第三章 全球实践

的投资策略是严格地执行巴菲特的价值投资理念。让我印象深刻的是，4年以来，Tim 严格执行四维投资的策略，每个月我都会收到 Tim 的投资报告，报告包括对大形势的分析、每个公司的背景调查、操作建议、按照四维投资每个时间点的每只股票的回报，以及目前的状况评估。

4年来将近50份实战报告，篇篇都是高质量的分析、理论与实战经验的结合。而且每当我有任何疑问写信向 Tim 咨询时，我一定会在两天内收到 Tim 详细的反馈。4年来，虽然我自己没有时间执行 Tim 的策略，但是 Tim 这4年的表现及其对我的金融教育让我非常信任他。

直到2016年5月的最后一天，我收到 Tim 的一封信，写着："杰，我正计划在澳大利亚开设自己的基金管理公司。作为过去几年交流极频繁的人之一，我觉得你对我的投资理念和策略非常清楚，不知道你是否愿意和我一起完成第一个基金的募集，详情请看附件文档。"

"Tim，祝新旅程一切顺利，我们随时可以开始。"

总结

- 如果我能给中国年轻人一个建议,这个建议一定是:在教育方面投资自己。如果只能选择一个方向,那么一定是在金融方向不停地学习和实践。
- 世界上很多歧视是对缺乏金融教育的人的歧视。
- 古时候,禁锢一个奴隶,你需要做的是让他依靠你且无法独立。你今天给他一条鱼让他恢复体力,这条鱼仅仅够恢复体力。你明天又给他一条鱼让他恢复体力,这条鱼也仅仅够恢复体力。但是,你绝不会告诉他鱼是从什么地方来的,又是如何一步步分发到他们手里的。

   现代,每天的鱼变成了每月的工资。但是,我们的教育还是没有告诉我们,我们手中的钱是什么,是如何产生的,是如何一步步分发到我们手中的,对我们有什么影响。
- 如果你没有受过金融教育,你看到的世界也许是被 P 过的。货币是对这个世界进行 P 图的工具之一。
- 希望你们可以通过我提供的书单开启你们的自我金融教育之路。
- 那些跟随巴菲特的人被分成两类:一类是"听巴菲特话的人",他们听从巴菲特的建议购买指数基金;另一类是"听懂巴菲特话的人",他们严格遵守巴菲特的价值投资理念。我想做后者,如果我无法执行,我就寻找可以执行的人,投资他。

第四章

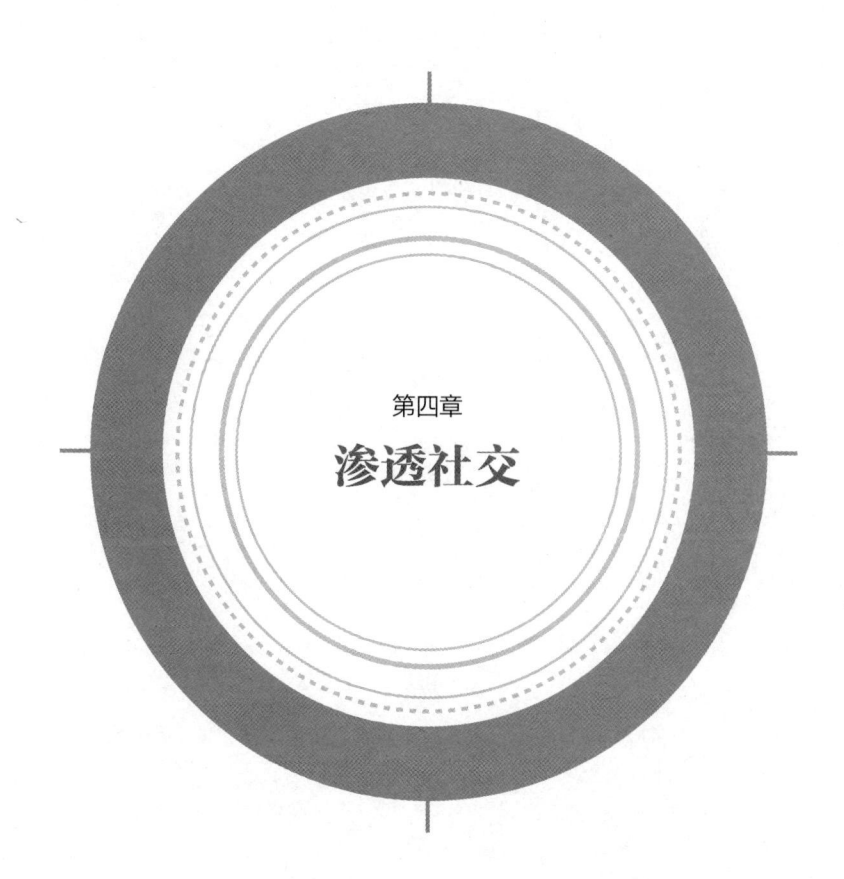

渗透社交

第四章　渗透社交

从皇城根儿出发

> 注意你的思想，思想会变成语言；
> 注意你的语言，语言会变成行动；
> 注意你的行动，行动会变成习惯；
> 注意你的习惯，习惯会变成性格；
> 注意你的性格，性格会变成命运。

12 年前，我在北京机场与皇城根儿、兄弟和啤酒挥手道别。飞机上我多要了一个毯子，睡觉，攒精神。

飞机到达地球另一边是凌晨两点，天上的星光和地上的灯光一样耀眼。我想，终于到了地球的另一边。我提了一口气在胸中，开始在这个干燥的平原上，走，跑，叫，笑，骂。

博士的生活简单枯燥，晚上睡觉翻再多来回也抖不出更多的零碎。取得博士资格后，多余的时间、精力和不甘的心硬生生地横在面前，问自己以后日子怎么过。

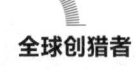

我开始花大量的时间观察别人的生命，是生命，不是生活。生命是因果轮回，是自己给自己调的一杯小酒，而生活是重复的鸡毛蒜皮。

我特别想知道脱离了日常的鸡毛蒜皮后，每一个人的因果轮回。我想知道活着的人、死了的人的生命留下了什么样的轨迹，痕迹有多深，又走向何处，这些痕迹和我的痕迹有什么关系。

作为一个具有数学和计算机专业知识的博士，我明白我的研究需要足够多的样本。在读博士的5年里，我大部分时间在一个实验室最靠里的隔间里。从隔间探出头的我看到的是我们实验室其他博士，从我们实验室出来，我看到的是其他实验室的博士。我身边的人大多戴着眼镜，大多手指和脑子灵活，大多专注而固执。

我特别想了解更多不同背景、不同层面的人。了解那些伟人，尤其是去世的伟人很方便，有传记。把生活看得比生命更重要的人很多，我周围皆是。但是，如何去深层次接触、了解那些有影响力的人，从这些人那里获得我以前无法获得的信息呢？我搜索的社交方法，无一适用于快速进入有影响力的社交网，尤其不适用于华人进入海外高级社交网。

我开始打造自己的社交方式以解决这个问题。这一章的内容是在我2013年写的一篇名为"渗透社交"的文章上扩充而成的，这篇文章里有下面一段话：

第四章　渗透社交

在过去的 3 个月里，我见过的朋友包括国家总统的家族成员、世界排名前 10 家族的成员、顶级经济学家、律师、金融师，以及石油、医疗、老年护理、动漫、连锁店等方面的优秀企业家。如果把时间往前推，包括的朋友会更多。我快速地跳离了我原来的博士圈子，各种机会向我涌来。在过去的两个月里，我获得的优质投资项目包括南美运营良好的农场、得克萨斯州以及北卡罗来纳州的石油、东南亚以及澳大利亚的优质股票、高端汽车改装商的投资。随着我不断的旅行，这个由有影响力的朋友组成的社交网迅速扩大到更多国家、更多行业。

我的社交方式使我进入了不同的社交网。对于一个刚刚毕业的博士，其中大多数的机会对当年的我都很难得。后来，这些有影响力的朋友教给我的让我受益匪浅，有些人也成了我的导师。

有些事情，在全世界都一样。比如无论在世界上任何地方做事，都离不开和人打交道。尤其对于全球创猎者来说，需要在较短的时间内对一个国家或者行业进行深入了解，除了从互联网上获得信息，更多有价值的信息来自这个国家相关行业人员的脑中。除了了解相关知识，和一个国家相关行业人员成为朋友可以在项目落地时得到巨大的帮助。所以，如何在一个陌生的国家快速认识人，进入一个核心社交网是一个非常重要的问题。

在这一章我把过去几年的经验总结成了"渗透社交"。无论你是

刚入职的实习生、在一个单位超过10年的"老炮儿"、留学生、准备拓展商业边界的企业家,还是有意进行海外投资的投资者,这一章的理念一定对你有用。

在开始之前,有两点要提前说明:

第一,渗透社交虽然可以帮助一个人快速进入陌生国家或者行业的核心社交网,但是渗透社交绝不是易走的"捷径"。我没有像"不背单词,10天过六级""不运动、不节食,5天瘦10斤""一招教你成为人脉之王"这一类的方法。

渗透社交的核心是,深刻理解一个人的价值在于他有能力为别人增加价值,一个人价值的提升过程也就是他为别人增加价值的过程。所以,渗透社交要求一个人更加认真、自律,专注于通过为别人增加价值的方式进行自我提升。再次强调,如果你只是想找一个简单省力的方法接近一些人来帮自己的话,这一章的内容不适合你。

第二,行动起来。如果只是阅读这个章节的内容,不会对你有很大帮助,只有行动起来,你才可以把这本教程转化成无价的资源。

我真心地希望增值教程可以帮助更多的年轻人跳出自己的圈子,通过实际行动和优秀的品质建立自己在世界范围内的影响力和朋友圈,拔地三尺看世界。同样地,这个教程也适用于日常的生活和工作。

第四章 渗透社交

明确社交的相关定义

什么是社交

　　社交就是人和人的接触以及社会关系的维护。你把一个个陌生人变成你的同事、同学、熟人，并且保持关系，这就是社交的过程。简单来说，大多数人所需要做的事情就是在一个固定环境（学校、公司、组织、城市等）中待足够长的时间，让身边的人喜欢自己，成为朋友，然后让朋友的朋友喜欢上自己。

　　以上我称为"普通社交"。你可以在市面上找到非常多的信息告诉你如何更好地进行普通社交。如果你是一个销售人员，你在受培训的时候很可能读过《如何找到新客户》之类的书；如果你是公司白领，你很可能仔细研究过《杜拉拉升职记》给你的建议；如果你从政，你很可能看过官场必读之类的书籍。

什么是渗透社交

　　这个教程里所讲的渗透社交不同于普通社交。普通社交需要依靠时间的积累，把一个特定环境下的陌生关系慢慢变成人际关系。渗透社交是通过为别人增加价值快速建立自己的影响力并得到信任。渗透社交最有效的应用场景是一个人在完全陌生的环境中可以快速

139

地进入核心社交网。

在微信公众号刚刚上线的时候,有一段微信公众号的红利期,很多人开设微信公众号发文章吸引粉丝。微信公众号想快速吸引粉丝主要是靠文章被读者转发到自己的朋友圈以引起更多的关注。刚开始的时候,你会发现养生、励志、八卦类的公众号粉丝量增长最快。很简单,因为微信朋友圈是封闭的,我感兴趣的话题可能在我朋友的朋友圈没有人感兴趣,传播力度小。但是养生、励志、八卦类的文章每一个人的朋友圈都会有人感兴趣,所以这几个话题可以渗透所有人的朋友圈,得到最大范围的传播。

这个例子非常形象地反映了社交网的真实情况,我的行为准则和思考方式可能和另一个人的完全不同,所以如果我用工程师的行为准则和思考方式进入金融圈,一定会处处碰壁。但是有一条社交金线,只要符合这条社交金线,你会被不同的社交网快速接受。

根据我的个人经验,渗透社交带来的人脉质量远高于普通社交。渗透社交可以让一个毕业3年的普通博士和部落首领、政府官员、不同领域优秀的企业家建立有价值的联系,并且进行合作,这是普通社交很难达到的。

渗透社交需要什么

1. 年轻。虽然无论年纪多大,你都可以从渗透社交教程里学到应用于自己生活的东西,但是年纪越大,生活负担越沉重,相比之

第四章　渗透社交

下，有更多自由的年轻人必定收获更多。如果你利用出国游，那么最后带回几百张充满大脸和伸两个手指的照片发朋友圈不应该是你的目的。去陌生的国家，应该去了解这个国家，了解经济，了解税收，了解行业数据，了解它的关键人物，从关键人物处获取信息并且建立信任，进入当地最有影响力的社交网。等你多切换几个系统，就可以拔地三尺看世界，看到身边的机会。

2. 信任的能力。 一次我和在美国读书时的同学吃饭，他刚从美国回中国工作，席间不停地提醒我不要轻易信任别人。我感谢他的好意，同时也认为他说的没有问题。做任何事情前小心谨慎，做好风险控制是底线。我在不同的国家都遇到过骗子，有的人只是想骗我一张车票的钱，有的人想骗走我更多的东西，有些骗子被我识破了，有些骗子真的把我骗到了。但我还是愿意一直保留信任的能力。

信任不是一个人的性格，信任是一种能力。

当我有了一个机会，做完所有该做的调查，最后需要做决定的时候，我一定是用信任为我引路。对于全球创猎者来说，我明白你们可能面临的处境，保守的确会让你们少暴露在骗子的目光下，但是信任才是给你们带来开创性进展、让你们获得最大价值的原因之一。

3. 极强的行动力。 实践渗透社交需要极强的行动力，需要你想到、做到、做好。

4. 明白投资的重要性。 在执行渗透社交的过程中，你需要不断

为别人提供增值服务来提高自己的价值。你需要投入大量的时间、精力,以及金钱。这些投资会带来超出你想象的回报。如果你只想要免费的东西,那么后面的内容也许不适合你。

选择进入有影响力的网络

有影响力的社交网大多是由一小群人组成的,这些人有以下特征:

1. 成员之间信任度高。(这个非常重要,小范围内极强的信任形成了极强的排外性,保证了社交网人脉的高质量。)

2. 成员之间在某些方面有相似性,比如都很富有,同样有权力、名誉等。

这样的一小群人往往是以一种比较松散、非正规的组织形式存在,如好莱坞名人堂、智利矿业协会、纽约乡村俱乐部,而且大部分有影响力的社交网往往又是没有名字的。

明白有影响力的社交网是以松散的、非正规的组织形式存在,你就会理解普通社交的局限性。普通社交是在一个组织里顺着别人为你搭建起来的阶梯往上爬,你接触到的有影响力的人只是组织里屈指可数的几个人,而因为级别有差,你很难和组织里有影响力的人建立高质量以及对等的关系。

在每一个有影响力的社交网中,都会有少数几个人格外有影响力,也就是传说中跺跺脚,一个圈子会颤三颤的人,这些人是他们

第四章　渗透社交

所在社交网的关键人物，共享着主要的信息和人脉资源。以好莱坞名人堂为例，关键人物可以是明星、制片人、导演、经纪人，也可以是发行商、动画制作人等。这些关键人物形成了一个社交网最核心的部分，牢牢地吸引和维护着社交网的资源。

作为一个创猎者，普通社交不适合我，当进入一个组织，我没有太多时间慢慢地让身边的人喜欢我、熟悉我，然后慢慢地等待机会来临。我需要快速赢得关键人物的信任，以及信任所带来的极高质量的商业机会。我并没有捷径和简单的方法做到这点。相反地，渗透社交需要投入大量的时间、精力，以及金钱。最终，我在一个社交网里是否被接受取决于我为这个网络带来什么资源，为这个网络增添了什么价值。因为需要投入，所以我需要提前想清楚要进入什么样的社交网，目的是什么，需要贡献什么价值。

所有的创猎者，永远要记得你应该珍惜机会。不止你一个人尝试接近这些关键人物。当你想进入好莱坞顶级社交网，如果你尝试利用微博，在好莱坞附近的星巴克乱逛，把你的简历发邮件给不同的人，贸然打电话，发裸照之类的方式接近其中的关键人物，那么只能说你浪费机会了。

那么，如何做？

你需要做的是仔细查看你想要进入的社交网里哪个关键人物会"对外开放"，尽可能抓住机会，由关键人物介绍进入社交网。正如我前面所说的，抓住这些机会往往需要投入非常多的时间、精力,以及金钱。所有的这些机会都是"pay to play"(收费服务模式)。

在上面的例子中,好莱坞顶级社交网中的关键人物在很多情况下会"对外开放"。比如,很多明星会出席各种慈善活动,这些活动的组织方都需要赞助费,赞助费从几万美元到几百万美元。不过你想进入的社交网也许并不需要你投入几万美元,我只是想让你明白"pay to play"是进入一个真正有影响力的社交网的基本条件。你初期付出的时间、精力,以及金钱都是你的投资。根据我个人的经验,这些投资会在未来带给你无法想象的丰厚回报。

博士毕业前一年,我选择学校附近的一个城市加入了一个慈善俱乐部。俱乐部的年费大约为1 000美元,慈善筹款来自俱乐部会员,所以还要定期为慈善活动捐款,一年至少要花费2 000美元。对于一个靠奖学金生活的穷学生来说,2 000美元占据了我社交预算的很大一部分。

但这2 000美元带给了我无法想象的回报。我迅速被慈善俱乐部的成员介绍给其他私人俱乐部的成员,越来越多的人邀请我参加私人活动,我的朋友圈迅速扩展到不同行业,并拥有很多有影响力的人,随后向我涌来各种优质机会。这样的情景,随着我的旅行在不同城市经常发生。

我非常开心地看到,随着中国内容产业的兴起,各种知识付费服务以及社群兴起,"pay to play"的理念被越来越多的中国年轻人

第四章 渗透社交

所理解和接受。我在这里再举两个例子。

例子一：

很多人都知道道格·凯西（Doug Casey），他是经济学家、作家、国际投资者、企业家，也是凯西研究（Casey Research，极好的金融信息发行商之一）的创始人。他是国际投资社交网里的关键人物，太多人想认识他，并从他那里得到有用的投资信息。

几年前，凯西研究推出了一款产品：Casey-50。这款产品只向50个人公布凯西私人发布的信息。你可以理解为50个人的私人投资俱乐部，全世界只有这50个人可以得到凯西的信息。

但每个人需要为这款产品支付大约30 000美元，并不便宜。

如果你希望通过在全球范围内投资来保护你的财产，并且和凯西建立私人关系的话，购买Casey-50是一个很好的选择。幸运的是，作为国际投资社交网的关键人物，凯西提供了一个对外开放的机会。

例子二：

这个例子来自我的朋友西蒙·布莱克（Simon Black），西点军校毕业生，优秀的国际旅行者、投资者、企业家。

我所实践的渗透社交正是受到西蒙的《渗透社交》（*Infiltration Networking*）的启发，自己实践后的总结。我保留了西蒙的步骤和大部分的概念，并且添加了一些比较适合华人的社交策略。

西蒙如果到了一个国家，尤其是一个陌生的国家，他想快速进

145

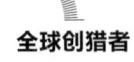

入当地有影响力的社交网时,他会利用当地的服务提供商。

整个思路如下:

1. 选择城市里最好的酒店(体现了有资源)。

2. 找到黄页,给当地最大的律师事务所(或者地产商)打电话。

3. 告诉律师事务所自己是一个国际投资者,想和合伙人见面了解一下当地情况以及投资机会。

4. 如果出现以下情况,可以判断此律师事务所不合格:前台服务不好(说明没有类似经验);律师英文不标准;当问几个标准的问题时,对方给出的是在报纸上都可以找到的答案;通话结束前,要求对方派车来接,而对方要求自行前往(表示没有类似经验,或者不重视);在律师事务所见面时,只有律师接待,合伙人没有出现。

5. 如果满意律师事务所,可以留下预付款。(预付款金额因国家不同而不同,如尼加拉瓜、埃及大约为1 000美元,乌拉圭约为5 000美元。)

如果你按照这个思路实践,你很快会发现这预付款带来的好处可能会超出你的想象。几天后,律师事务所的合伙人可能会邀请你参加私人聚会,在那里他会为你介绍他的朋友,很多人都是其他社交网的关键人物。

如果你做得非常到位的话,你应该已经认识了至少一个关键人物,下面你需要做的是:突出自我,展示不同。

第四章　渗透社交

醒目来自不同

你一旦由一个关键人物介绍进入目标社交网，下一步需要做的就是突出自我，得到关注。

对创猎者来说，在渗透社交的过程中，每一次曝光都是一次机会。每一次见面，如果你没有为社交网增加价值，获得关注，你获得的就是负分。在一个有影响力的社交网内默默无闻只会对你以后的社交产生负面影响。

身处这样社交网的人每天都会见到很多不同的人，如何让自己比其他人更醒目、更受关注呢？

醒目来自不同。

如果你做的事情和其他人相同，你就只是众人中的一个，别人没有任何理由对你特别关注，只有不同才可以让你获得更多的关注。显示自己不同的途径有很多，下面列举几个重要的原则，这些原则适用很多情况：如何让你在异性朋友中成为"关注先生"，如何让你的项目引起投资者的兴趣，如何让你身处一个陌生国家时在几个月内进入主流社交网等。如果你可以按照以下原则说话、做事，相信你应该可以很快得到你想要进入的社交网的关注和认可。

注意：你需要做的是让自己和目标社交网之外的人不同，而不是和你目标社交网内的人不同。事实上，让自己与众不同是显示你

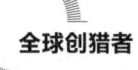

属于某一个社交网的最佳途径。

4个重要原则分别是：

真实

做真实的自我，别假装任何人。

一个社交网接受什么性格的人对我来说依然是一个未解之谜。我在同一个社交网见过性格强势、几句话戗得你要吐血的人，见过唯唯诺诺的"小内向"，也见过两边不靠、谁也不理、硬挺着的"钢镚儿"。这些人在社交网里极受欢迎，受到极大关注。你无法预测什么样子的人符合一个社交网的口味。假装成为某个人已经违背了让自己不同的原则。在你模仿的时候，那个社交网也许已经有你模仿的"那个谁"了，不需要你，而且你的模仿和假装会被一眼看穿。身处有影响力的社交网里的人都很警觉，一旦发现你在假装什么，你将失去建立良好关系的机会。

自信和平等

刚进入一个有影响力的社交网时，你也许会忽然发现身处一个以前不敢想象的场景：你上厕所时会发现世界500强公司的CEO（首席执行官）；吃饭时身后半米之隔的是美国前总统；在某NBA球队夺冠时收到球队老板的聚会邀请；在猎场初雪的时候，和一个一脸斯文的男人一起割下一条鹿腿，而他的名字昨天刚出现在《纽约

第四章　渗透社交

时报》(*The New York Times*)上……

不要因为这些朋友非凡的成功而不自信。大家在不同的时间经历了不同的事情,他们无法被复制,同样你也无法被复制。无论你的朋友多优秀,你可以理性地站在朋友角度向他/她表示由衷的欣赏,但绝不要巴结,这是一个态度。正确平等的态度会为你赢得一个私人朋友(最优质的机会来自私人关系),巴结只让你沦为一个粉丝和跟班。

特殊的头衔以及经历

头衔:我花了太多精力读完了我的博士学位,但毕业后,我很快认识到:过于看重学位,还不如没学位。在初次见面时和在名片上,我很少提及学历。但是每当和一些朋友关系亲密到可以聊一些私人经历的时候,我会提及我的学历。每当我告诉他们我有一个博士学位时,我可以看到他们眼中的感叹。

感叹的原因可能是他们的社交网里博士很少。

在某些社交网,你竖起一根竹竿、松手、任其随意倒下,十有八九砸中的会是一个律师、医生、金融顾问、博士等。如果你拥有某米其林餐厅主厨、咏春拳传人、哈雷摩托设计师、狙击手之类的头衔的话,会更加让自己和别人不同。

经历:私人关系是由相互分享彼此经历建立的。通过聊"今天天气真糟糕""昨天湖人打得真不错""看《少年派的奇幻漂流》

（*Life of Pi*）了吗"之类的问题可以让对话顺畅，让彼此放松，但是无法让人的关系更加亲近。

分享彼此经历是在讲故事，你要准备自己有趣的故事。

当有人问你过去几年在做什么时，希望你的回答不是"哦，我先读书，找了份实习工作，然后就留下来了，好无聊，越吃越胖，最近准备减肥了……"或者"我上个月去了巴黎，好漂亮哟，给你看照片……"。

如果你没有任何可以值得讲的有趣经历，搜索兴趣大全，找到最吸引你的冷僻技能，开始学习。或者看完《全球创猎者》，打开地图，找到一个你从没有听说过的国家，落地、观察、见人、吸收当地人的智慧。等你回来，别人听你说话时，必定眼底闪光。

特殊技能

拥有特殊技能会让你很快在社交网中显得不同。我的朋友雷（Ray）是我所在城市的 CEO 俱乐部的成员，他除了是一个企业高管外，还是一个很好的牛仔。近 100 千克的小牛，放倒、绑上，不过几十秒。雷还是截拳道的高手，当其师傅去巴西后，在整个城市所有武馆都难找到能和他对练的人。另外，他中国风筝也做得很好。一个会绑牛、截拳道和做中国风筝的 CEO，在他的社交网里，非常受欢迎。

在旅行的过程中，也许你会想进入不同的社交网，这要求你拥

第四章　渗透社交

有持续学习不同知识的能力,学习一切目标社交网需要但是没有很多人会的技能。

记得这4个原则,并且实践。

办大事,像买可乐一样

现在你已经进入目标社交网,并且慢慢地受到大家的关注。

我们经常遇到一些人,进入某个社交网以后,迅速试探里面的每个人,看看是否可以从中得到好处,从不考虑可以回馈社交网什么。这些人具有典型的"销售员"特征——通过很友善的方式接近你,然后尝试卖给你东西,或者从你身上得到好处。

"销售员"在优质社交网中是最不受欢迎的人。成功的、有影响力的人往往受到更多关注,每天面临各种推销,一旦发现谁有"推销"的迹象,会立刻避而远之。

优质的社交网像一座金矿,可以挖多深取决于一件事情:你可以为这个社交网带来什么价值。带来多少价值又取决于你可以为社交网里的人解决多少问题,办多少事情。你的价值取决于你可以给别人带来多少价值。

这个理论可以适用于各种价值判断。

我见过太多人辗转得到某位关键人物的联系方式,张口就说:"您好,某人介绍我认识您,这是我的简历,我想找份工作。"这是

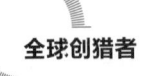

零价值的亮相，是很糟糕的方式。

每个人都有很多问题需要解决。成功的人、有影响力的人也一样，而且问题常常会更多、更难，这些问题只是未对外公开，你需要在日常谈话中发觉他们的难处，并且提供帮助。

在谈话和提供帮助的时候，有需要重点注意的地方。下面用一个经常发生的事情说明。

我如果和一个美国朋友聊天，政治和经济往往是躲不开的话题。我常常会分享一些我看到的比较让人诧异的法庭案例，谈论让人"逐渐窒息"的美国法律系统，并表示对未来几年美国金融管制的担忧。我会尽量避免空洞的谈话，而是多用事例，并会很坦白地告诉对方我的想法，比如离岸的信托、贵金属海外托管等是非常好的方法。

有时，我得到的反馈是："对的，我也是这么想的……我在做更深一步的研究，也许要开始行动了。"这个时候我会提供帮助："我认识几个还不错的律师、一些可信的海外贵金属托管商，你需要的话，我找时间给你联系方式。"

注意，无论事情多大，你要显得对你来说和给朋友买一听可乐一样简单。

千万注意，不要过于热情。过于热情会让你看起来像推销员或者一个粉丝。一旦给对方这样的感觉，你们出现高质量合作机会的可能性就会变得极低。

第四章　渗透社交

如果你的帮助不被接受，没有关系。你需要显示的并不是你可以解决这一个具体问题，而是你有解决问题的能力（你有价值）。随后你可以看看还有什么可以帮忙的，但是绝不要有任何强迫的举动。

如果你的帮助被接受，你最好做到远远在对方的期望之上。可靠性几乎是信誉的代名词，这在一个社交网里是极重要的。

这样的例子非常多，更多的时候，是你站在对方的角度上思考未来，然后再考虑我可以增加什么价值。

在这个过程中，对于所有的中国创猎者来说，中国这个伟大的国家给予你们很多帮助。感谢中国过去30年的快速发展，世界上很多对未来有憧憬的人都期待和中国产生联系，在中国你可能只是十几亿"黄色面孔"中的一员，但是对于其他国家的人，你是他们与中国的接口，你可以连接中国的市场，连接中国的资本，连接中国的人才。

所以，一个中国年轻人在海外有影响力的社交网中增加价值的最好方式，就是帮助对方和中国产生联系。

我举两个例子。

例子一：

格鲁吉亚是我非常看好的一个国家。2008年格鲁吉亚和俄罗斯经历了小规模的战争后退出了独立国家联合体。这个国家在2013年以后的表现一直吸引着我的注意力：税收改革，吸引外资和人才，在欧洲各国和美国不断增加曝光率，争取更多国家支持自己加入北

约，它是目前高加索地区国家中最有希望加入欧盟的国家。我帮助几个基金组织看过格鲁吉亚医院扩建、小额贷款等项目，在了解项目的过程中我觉得格鲁吉亚选择了对的方向。

我国提出"一带一路"倡议的时候，格鲁吉亚并没有在计划的国家中，但是在随后的几年情况发生了变化。2017年5月，格鲁吉亚和中国签订了自由贸易协定，且双方都承认：格鲁吉亚作为亚欧之间的枢纽，在新丝绸之路上发挥着关键作用。

在格鲁吉亚和中国签订了自由贸易协定后的两天，我给一个格鲁吉亚的重要朋友发了一封名为"小礼物"（A small gift）的邮件，内容如下。

> Tine：
>
> 正如我所说的，格鲁吉亚现在面临非常好的历史机遇，中国在今后将对格鲁吉亚产生巨大影响，所以，在此时和中国合作很重要。我让我的团队把你的网站翻译成了中文，这样至少中国投资者可以看懂你的公司信息。我们讨论了一下，觉得无论从音译还是意译，"格鲁资本"都是一个好的中文公司名称。
>
> 祝好
>
> 郝杰

这个格鲁吉亚的朋友是我见过非常有能力和全球视野的企业家，她的公司致力于为格鲁吉亚的项目引入海外资本。我让我的团队把

第四章 渗透社交

她的整个网站翻译成中文发给了她。随后,我给她打电话仔细讲解了"一带一路"倡议对格鲁吉亚的意义,为什么在这个时刻要有一个好的中文网站,以及如何应对中国资本的一些想法。

站在对方角度上想到、做到,超出了对方的预期。

例子二:

2013年开始,我发现欧美等西方国家的大量创业者来到智利。智利政府支持的Startup-Chile项目尝试把智利打造成拉美最好的创业国家,并且为经过筛选来到智利的创业团队提供1年的资金,这吸引了很多欧美优秀的创业者。对我来说,当时整个拉美的创投生态还没有建立起来,同时我认为拉美对以后的美国和中国的民间资本来说,无论是在政治层面,还是在经济层面,都是一片新大陆。我希望在拉美创投生态还没有建立起来的时候就开始协助它们,甚至引领它们。当时,Startup-Chile项目的目的是让世界上更多的人知道智利、了解智利。

很快,我联合了福布斯中国做了一系列叫作"Over the Horizon"(天际线之外)的采访。我采访了Startup-Chile的负责人和其他几个明星企业,并把这一系列的访谈放在了福布斯中国的首页上。这是第一次有关于整个拉美创投生态的系列文章出现在主流中文媒体上。

这两个例子是典型的依靠快速崛起的中国,通过为社交网里的关键人物增加价值来提高自己价值的案例。

最后也是非常重要的一点,当你提供帮助之后,不要索求任何

形式的报酬，就算受助方有意提供报酬，也不要接受。你需要的是一个稳固的、信任度高的私人关系，不是雇佣关系，永远专注于解决问题和增加价值。再次提醒，办这些事情，要显得和买一听可乐一样简单，不要回报。

当你有了这样漂亮的收尾："谢谢你的报酬，这些都是小事，以后再说，找时间喝一杯吧。"随后，你可能会听到一个在社交网中最具有魔力的话："杰，我有个朋友，我觉得你们应该认识一下……"

如何挖社交网的金矿

现在你已经由一个关键人物带入目标社交网，通过展示自己的不同获得关注，通过帮社交网内的人解决问题体现自己的价值。慢慢地，你会赢得社交网里的人的信任，可以接近他们。随后，你会被他们介绍给新的朋友，通过介绍往往比较容易获得新朋友的信任，但还是需要从头来过：展示不同，获得关注，通过为他人增加价值显示自己的价值。

不用太久，你就可以和一群极成功的、有影响力的人建立良好的私人友谊。你认识的朋友越多，你越容易被社交网里的其他人接受。

现在的状况是你和一群极成功且有影响力的人成了朋友，而你为进入这个社交网进行了多方面的投入，看起来似乎你随便向哪个朋友开口都可以获得很丰厚的回报了。

第四章　渗透社交

但是记得，永远不要向一个社交网索求什么。在你开口索求东西的时候，就是你在别人眼中价值降低的时候。

我知道你的想法："你不是和我开玩笑吧？我投入这么多，得到如此广阔的人脉，而我不能要求他们做什么?!"

不开口索求，不代表你无法从一个社交网内获益。

一个顶级的社交网永远充满让你想不到的优质机会，这些机会以不同的形式存在。事实上，当你进入一个社交网之前，大多数机会是你无法想象。如果你已经获得了他人的信任，赢得了关注，充分展示了你的能力，你会感觉自己站在一个十字路口，各种机会从四面八方向你涌来。

我依然记得我在校期间加入的那个慈善俱乐部，我确保每一步都是我想好的，我通过解决了俱乐部里几个重要的问题展示了我的价值。很快，我受到了俱乐部里其他成员的邀请，各种机会向我涌来。有人想雇用我，有人想投资我，有人想找我合作做项目。

那么，选择哪个机会？

两个原则可以帮你做决定：

第一，永远记得，你只有一次机会。

首先你要确保对所有机会进行了仔细的分析、甄别，然后再做选择，**最后运用好唯一的一次机会**。优质的社交网一般信息传播很快，一个对机会没有判断力的人会很快失去信誉。

第二，明白你的选择对你在社交网中的影响。

157

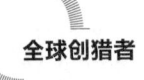

例如，你接受了社交网里的朋友提供的待遇优厚的工作，这雇佣关系会直接影响你在这个社交网的影响力……**至少我会尝试把雇佣关系转化成合伙人关系。**

最后，所有你在社交上的付出都会给你带来一样东西：机会。

社交金线

冯唐老师说文学有金线，渗透社交也有一条金线：**寻找合适的社交网→寻找"对外开放"的关键人物→展示自己的不同，赢得关注→专注于帮助社交网里的人以增加自己的价值→珍惜机会，永远记得自己只有一次机会。**

按照金线行事可以让你快速进入有影响力的社交网。同时，这条金线也适用于普通社交。在职场上，仔细寻找适合自己的领域，找到领域中有影响力的人，由其介绍进入该领域，展示自己的不同，不断地专注于为公司增加价值，你会在职场上更加顺利。追求女生时，仔细寻找适合自己的女生，展示自己的不同，不断地展示自己的价值……你会很快俘获心仪女生的芳心。

这样的思路要求初期投入大量的时间、精力和金钱，要求每一步做好充分准备，当机会来临的时候，珍惜它，并记住自己只有一次机会。相比这样的做事方式，很多人喜欢较为简单直接的方式。以找工作为例，打印一沓简历去招聘会投，或去招聘网站发电子版

第四章 渗透社交

简历，虽然可能有收获，但收获不会太大。**如果你想有大收获，那么你只能长时间研究，踏实准备，果断行动。**

下面是两个在社交过程中需要遵从的法则。

去标签法则

尽量不要让别人用几个标签（关键词）描述你，这样会大大限制你的机会。打个比方，如果别人想到你时脑海中出现的是：中国人、软件工程师。那么，或许会有人向你打听进出口、制造业（和中国相关），以及一些电脑知识（和软件工程师相关），但其他投资、合作机会则很可能不会考虑你。

这个法则可以应用于其他方面。比如，如果有投资者对农场感兴趣，想请我帮忙。我当然可以给他展示几个很好的土地投资机会。可是，如果我的展示到此为止，那么我身上只有一个与"土地投资"相关的标签。如果投资者对我展示的项目不感兴趣，那么他们会很快忘记我。我需要做的事情是专注于展示自己的能力（比如展示其他机会，如 VIP 服务等），而不是一个项目。这样，就算他们对土地投资不感兴趣，以后有其他机会也会想到我。

如何去标签？

当你的标签足够多了，你就没有标签了。

去标签是一个过程，是你通过一件件事情向你的朋友展示你能力的过程。**你每向朋友展示你可以完成一件不同的事情，你的朋友**

就会多给你贴一个标签,当你展示的事情种类足够多的时候,你身边的朋友会放弃用标签形容你,所有标签会转化成情感上的欣赏。你的朋友会真心向他的朋友称赞你,而他的朋友也想认识你……

远离竞争中心法则

我不是最聪明的人,你也不是。

但是你总是可以找到比较容易的方法让自己和别人不同,远离竞争中心是其中之一。如果你曾经抱着简历在招聘会现场随人群涌动过,如果你在一个城市华人聚集的地方经营小生意时被人肆意砍过价……你应该会明白我的意思。

在我准备旅行的时候,我会选择华人社群不大(少于10万人)的城市,甚至会选择远离华人关注的国家。当我成功进入目标社交网后,每当我参加聚会,我会是其中唯一的亚洲面孔。当我推开门走进屋里的时候,我就已经显示了自己的不同。经常会有人从屋子的另外一边走过来说:"年轻人,你是谁?"关系就这样开始了。

朴素真理

这一章的最后,我想说渗透社交背后的朴素真理:创造新价值,发展才是解决一切问题的关键。

对于家庭,很多人用"贫贱夫妻百事哀"来形容捉襟见肘的生活给夫妻带来的压力和没有必要的争吵,虽然和诗人原来的意思不

第四章 渗透社交

一样,但这样的形容也很形象。生活中的鸡毛蒜皮、家长里短、怒气责骂,很多情况是一个家庭有限地分配资源造成的。对于公司,无论是创业公司还是上市公司,公司的发展快速可以吸引更多的关注和资本,公司的发展下滑则是一个糟糕的信号,在资本市场上往往是墙倒众人推的开始。对于国家,创造价值、专注发展是重中之重。在2017年5月的"一带一路"国际合作高峰论坛上,习近平主席提出的"发展是解决一切问题的总钥匙"就是国家战略层面的朴素真理。

中国几千年来一直是小农经济,小农经济的基础是土地,一个人多一亩地就意味着另外一个人少一亩地。"一个人多获得一些就意味着一定有人损失一些"这样的零和思维渗透在社会的方方面面。

渗透社交就是**完全抛弃零和思维,专注增加价值,寻求合作和发展**。我期待本书在传播"反零和思维,共建新价值"的理念上能有所贡献。

渗透社交是我个人的经验总结。通过刻意练习渗透社交,我的社交网扩大到了不同国家、不同行业。我非常幸运和感恩可以通过这样的方式认识很多朋友。有些朋友已经变成了我的合作伙伴和导师,共同前进。在我看来,相互增值、共同创造新价值是唯一稳定的、通往光明的选择。

希望大家可以在自己的生活、工作、全球创猎的过程中实践渗透社交。无论你是普通职员、企业家,还是全球创猎者,你一定会从中受益匪浅。

总结

渗透社交的核心是，深刻理解一个人的价值在于其有能力为别人添加价值，一个人价值提升的过程也就是其为别人添加价值的过程。所以，渗透社交要求一个人更加认真、自律，渗透社交绝不是易走的"捷径"。

渗透社交的步骤：

1. 选择关键人物并进入有影响力的社交网。
- 理解有影响力的社交网的特点：成员之间信任度高；成员之间在某些方面有相似的地方或者处于同一层次。
- 理解高质量的社交网一定是"pay to play"。
- 关键人物是进入每一个社交网最重要的人。

2. 醒目来自不同。
- 珍惜每次露面的机会。
- 做真实自我，别假装任何人。
- 自信和平等。
- 拥有特殊的头衔以及经历。
- 拥有特殊技能。

3. 办大事，要像买可乐一样简单。
- 不要做"销售员"。

第四章　渗透社交

- 为别人添加价值是你应该做的事情。
- 注意你的态度，无论事情多困难，都要显得像买一听可乐一样简单。
- 一定要做到超出对方预期。

4. 挖掘社交金矿。
- 永远不要向一个社交网索求什么。在你开口索求的时候，就是你在别人眼中价值降低的时候。
- 像爱惜自己生命一样爱惜自己的声誉。每当做事情的时候，想着自己只有一次机会。

第五章

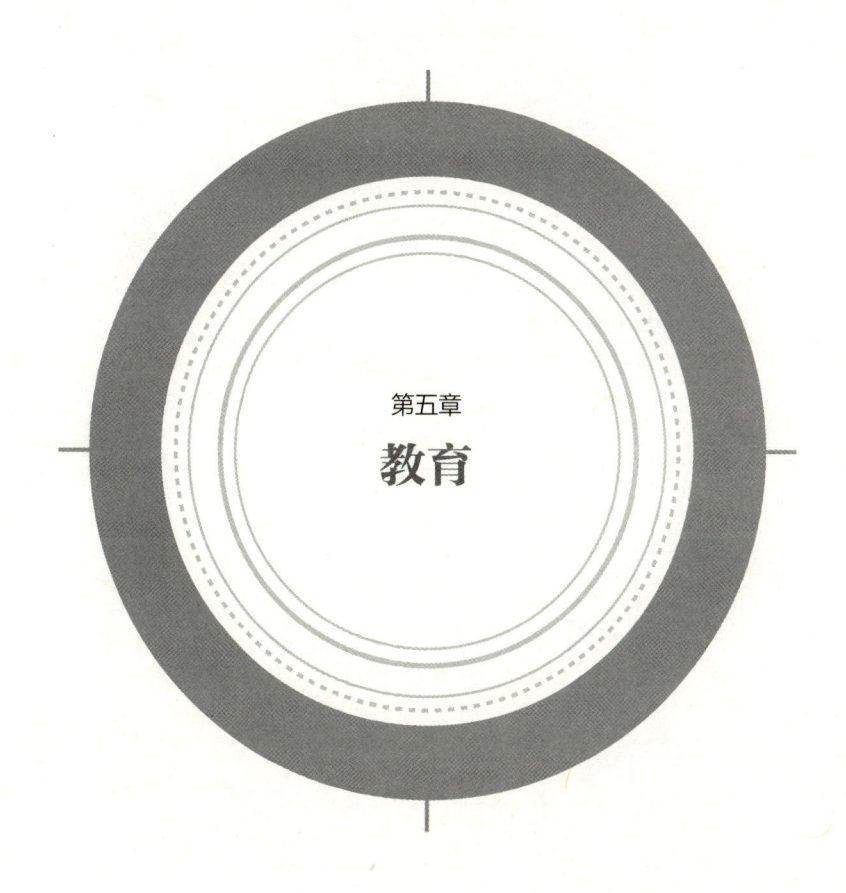

教育

第五章　教育

加州旅馆

这一章的目的是回顾教育的历史，理解教育的意义，挣脱现有教育系统的桎梏，创造更多的可能性。

当我开始记事时，母亲把我送进一个叫作幼儿园的地方，随后我进入小学、初中、高中、大学，然后读研究生、博士，整个过程跨越 20 多年。有些事情变化巨大，比如我从一个整天追着球跑的黑皮肤男孩儿变成了追着机会跑的黑皮肤男人，比如从只盯着小女孩儿手中的糖到可以看出女孩子是否化妆。

但也有些事情一直没有变。接受教育的 20 多年内，我和一群年龄相仿的同学在同一个地方学习相同的知识。某一个概念、某一个知识点会精确到某天的一个特殊时段进入我们脑中。多年之后听歌曲《加州旅馆》（*Hotel California*）时，有一句歌词是"We are programmed to receive"（我们只是照常接待），这让我想到 20 多年来，我和同学们一排排地坐在教室里，精确地在某个时间学习某个知识点，便一身冷汗。

我无意批判现代的教育系统。事实上，现代教育系统作为一个

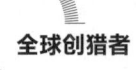

精密的系统充满了人类智慧。另外，时代变化这么快，静态地批判现代教育系统和批判我80多岁生病在床的姥姥不会用微信一样无聊。

了解一件事情的未来的最好方式是了解它的过去。英国著名政治家丘吉尔（Churchill）说："The farther backward you can look, the farther forward you can see."（知来时路，方知去向何方。）我想回到教育的源头，看看其发展历程。

在这一章，我会介绍几位伟大的教育家。他们的思想有的被现代教育所采纳，但更多如金子一般的思想被抛弃。任何想抓住全球化机会的年轻人，面临的都是快速变化的世界和海量的信息。

在同一天，我看到智利森林起火的报道，看到在朋友圈蔓延的"活在当下"的想法，看到路边乞讨的人逐渐年轻化并且不再以黑人为主，看到英国发布的最新的通货膨胀的报告，看到诺贝尔经济学奖得主建议美国放弃纸币，看到希腊和智利的两个药妆品牌同一天发信息问我如何进入中国市场，看到想代理货柜感应器的南美最大水果商检公司问我是否可以合作的信息，听到拳击教练不停地告诉我对手出拳打你的时候是你最好的反击机会……

对很多人来说，这些是零散的信息，但是事实上，这些信息相互关联，并以不同的方式展示着最好的机会。想要理解这些信息，看清背后的趋势，抓住隐藏的机会，需要不断进行自我教育。自我教育可以让我快速吸收信息、建立联系、立刻行动，让我和这个世界真正融为一体，产生正向的互动。

建立自我教育系统的最好方式就是研究伟大教育家的思想，为自己所用。

我去美国，读博士

2005年七夕，我在北京机场与父母、兄弟和啤酒挥手道别。飞机上我多要了一个毯子，睡觉，攒精神。

我要去美国了。

从我懂事到大学毕业，美国一直自带光环地存在着。父母、老师、朋友、媒体、书本等身边的一切都告诉我："如果你有能力，如果你有出息，去美国。那里有好的市场，有好的货币，有自由的土地，有大房子……"

美国就是我的目标，就是我困惑的终结。我好像一个在河东生活了20多年的原住民，耳朵灌满了河西的美好，就等着使一个大劲儿到河西就地"飞升"了。

飞机到达美国的时候是凌晨两点，天上的星光和地上的灯光一样耀眼。星光、灯光一波波地泛过去，在我家的方向连成一片。

在美国的第一天早上，我去系里找秘书报到。秘书的"爆炸头"从一堆文件中抬起来，疑惑地看了看我名字的拼音，尝试拼出来：杰？扎？

我瞬间感觉到未来可能会发生什么。之后的 5 年里，我人缘好，和系里来自各个国家的同学都关系融洽。每次进了系里，上二楼出了电梯，大家就开始打招呼：杰扎，杰扎，杰扎……

我小心翼翼地用美国口音告诉秘书我的名字，生怕拼错了，奖学金打不到我账上，并且送上了有中国特色的小礼品。秘书低头摸索了一会儿，递给我一个信封，告诉我按照里面的步骤去学校各个部门注册，随后抬眼看了一下我送的小礼品，挤了一个"谢谢"出来，随手把小礼品放进了身边的一个纸箱子里面。

纸箱子里面有中国的剪纸、灯笼、泥人、二泉映月的 CD（光盘），套着透明塑料袋散落着，每一个小礼品的主人可能都是我这样的中国学生。很长时间，我从中国带来的半箱小礼品就静静地躺在衣橱里，没有送出去一件，直到一年半以后一次性地捐给了教会。

变得不一样

> 如果大家想的都一样，那么一定有人没有动脑子。
>
> （If everyone is thinking the same thing, someone is not thinking.）
>
> ——乔治·巴顿（George Patton）

那个装满中国小礼品的纸箱子从此定格在我脑海中。那些小礼

第五章 教育

品被人随手放在纸箱子里是因为它们都一样：一样的文化标签，被一样的人、在一样的情景下送出。所以，它们的去处也一样：纸箱子里面。

每一个小礼品对应着一个学生。我不想被这么随意地扔在一个不被人注意的"纸箱子"里面。

唯一的路就是：让自己变得不一样。

"让自己变得不一样"这个想法像种子一样在我脑中生根发芽，但也正是这颗种子给我带来了巨大的困惑。因为我发现我所处环境的关键词就是：一样。

博士生的生活几乎是一样的：看材料、做研究、写论文。聚到一起讨论的话题和追求的目标也是一样的：写论文，在知名刊物发表，毕业，找到好工作，比如去大公司就职或者去学校教书，然后拿到绿卡。

我开始大量地和学校里其他系的来自不同国家的学生聊天，甚至在有了车以后会去同城的其他两所大学找人聊天。走廊、实验室门口、阶梯教室、图书馆、健身房、球场、超市，逮住人就聊，我非常想知道和我差不多年纪、处境一样的年轻人，他们的目标是什么，他们是如何做的，他们都在想什么。两年多时间，我不清楚我和多少人聊过，但是我的观察逐渐有了结果。

2008年的夏天，我在艾奥瓦州锡达拉皮兹（Cedar Rapids）的罗克韦尔柯林斯（Rockwell Collins）实习。临行前我搜索了一下艾奥

全球创猎者

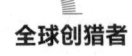

瓦州有什么特产,答案是玉米和猪。我又搜索了一下在玉米地里骑猪是否合法,随后很快就断了我在实习期间出去找乐子的念头。

整个实习的空闲时间我都在和人聊天。当年有 50 多个来自世界各地的年轻人同时在罗克韦尔柯林斯公司实习。公司附近有家 Chili's (连锁美式休闲餐厅),3 个月里,我尝试每天约实习生在那里喝酒。聊得拘谨时,每人一瓶酒;聊得兴奋时,每人好几瓶酒。每两周发一次工资,但我 1/3 的工资都贡献给了 Chili's。

实习刚开始的时候,有传闻说一个小眼睛的亚洲男生准备追求所有女实习生,聊遍所有男实习生。我很快便成为 Chili's 的店员最熟悉的顾客,忘带钱包的时候可以赊账。不久我就勇夺"八卦之王"的称号,实习生有什么事情都会向我打听,我从高频请别人喝酒到高频被别人请喝酒只用了一个多月的时间,人生翻盘了!

下面是我的问题单。在我所问的人中,有些人会随着我逐渐深入的提问而愤怒起来,有些人会表示对我所问的问题从没考虑过,还有些人表示无所谓。那些和我一起把这个问题单平心静气地讨论完的人成了我最可靠的朋友,有些人后来成了我的合作伙伴。我无意评论任何回答或对所有回答进行总结,但是我强烈建议读者用这个问题单去问身边的人,大量地问。这是一个非常有趣的过程,相信大家会有不同的认识。

- 你现在学什么专业,是否是你喜欢的?

第五章 教育

- 你所学的知识在现实中的实际应用是什么,有什么价值?
- 你毕业以后准备做什么?
- 你毕业5年以后的目标是什么?
- 学习是为了找到工作吗?
- 未来的社会地位是由什么决定的?
- 你为什么选择在美国读书?
- 你毕业以后会去哪个国家,为什么?
- 你觉得我们这个时代最大的机会是什么,如何抓住它?
- 毕业以后这个时代会有什么变化,你现在应该如何开始准备?
- 你怎么看财富?
- 你怎么看政治?
- 到底是什么原因让我们会在此时此刻有这样一场对话?
- 这个世界是如何运行的,这个世界是如何慢慢变成现在这样的,我们又是如何慢慢变成现在这样的?

8月底,在我准备离开锡达拉皮兹回学校时,过去两年所有的对话在我脑海中慢慢地显现。我确定了一件事情:在美国,与我年纪相仿的年轻人,许多人相信"好好读书→找一份工作→一步一步'往上爬'→交税→退休享受福利→过上比父母更好的生活"是一条通往未来的路。

我是这样一群年轻人中的一员,虽然我们有不同的肤色,来自

不同的国家，有不同的信仰，学着不同的专业，未来去往不同的公司和行业，但是我深深地感到，我们都是一样的。

我们在相同的教育体系下，接受相同的行为准则和判断标准，未来可能会有类似的人生轨迹，我们没有什么不同。在大时代下，我们都被时代贴上标签，和那些小礼品一样没有特色。运气好的话，我们这批人会被放在显眼的位置上；运气不好的话，我们会被统一放进那个"纸箱子"里。我想变得不一样，我想确保在我毕业后，至少毕业后的10年中都被时代放在一个显眼的位置上。

为什么就算得到教育系统里面最高的学位，依然感觉不到自己有什么不同？这个教育系统究竟是赋予了我们更多的可能性，还是减少了可能性？

只有回顾历史，才可以挣脱现在的教育系统对我们观念的束缚，看到教育赋予我们的真正的可能性。

从蛮荒开始

人类社会结构变化的历史，就是在平地上建起一座金字塔，并且金字塔不断变高、变结实的历史。这座金字塔的第一块基石就是人类对火的使用。

在发现火的用处之前，人类需要和其他动物在完全相同的条件下面对大自然的筛选。作为动作不够灵敏、跑得不够快、力量不够

第五章 教育

大、牙齿不够锋利的人类来说,大自然并未给予他们过多青睐。

学会使用火带来了非常多的好处,其中最大的好处是人类有熟食可吃。在此之前,如半腐烂的肉、小麦、水稻、马铃薯等很多自然界的食物在原始状态下无法被人类消化吸收。正是因为有了火,食物中的病菌和寄生虫被杀死,所以人类可以在受到很小危害的情况下食用更多的食物。

更重要的是,火让人们在吃上节省了大量的时间。黑猩猩每天至少需要花 5 个小时咀嚼生肉,而有火之后的人类,吃熟食只需要 1 个多小时。

研究人员将已经灭绝的 4 种人类和现代人类、黑猩猩、现代猿类的牙齿大小和体重进行比较,由所得的数据分析已经灭绝的人类在吃上所花费的时间。研究人员发现在远古时代,黑猩猩吃东西花费的时间是一天的 48%,而人类只需要花费一天的 4.7%。[①]

美国的作家克莱·舍基(Clay Shirky)在他的《认知盈余》(*Cognitive Surplus*)一书中告诉人们,把全世界每个人的零散、自由时间积累起来看成一个集合、一种认知盈余,那么这样巨大的盈余可以用来做出对于整个人类影响巨大的项目。书中提到的 8 小时工作制以及医疗水平的提高让人们可以支配的时间变多,18 世纪刚从乡村到城市的农民因为时间过多而喜欢喝酒打发时间,以及 20 世纪

---

① 资料来源:https://www.livescience.com/15688-man-cooking-homo-erectus.html。

50年代的人下班后喜欢看电视等，都是认知盈余的案例。

对整个人类来说，使用火让我们在吃这方面花的时间大幅减少、自由时间大幅提升是人类认知盈余的开始。这就是为什么是人类，而不是大猩猩建立了更宏伟的文明，有了医疗体制、喝酒、看电视、浏览微博和微信朋友圈，或者坐下来看《全球创猎者》。

而这个时候，人类文明的金字塔的建造地点上依然是荒凉一片。

关于这个时期人类的教育没有文字的记载，但是如果设身处地地想，如果我是远古时期人类的一员，如果我度过了危机四伏的儿童时期并且有了孩子，那么所有的教育也许就是让孩子建立信息和行动之间最直接的联系：什么样的云要下雨，可以和什么样的动物抢食物，什么样的地形适合休息，什么样的树好爬，什么样的动物一龇牙我们就要立马转身跑开。远古的人类绝对是"知行合一"。他们从行动中总结知识，用知识指导行动，快速进行知识迭代。任何对信息的误读、将信息转化成错误的行动，或者转化成行动的时间过长都是致命的。

我时常在想，如果远古人类穿越到现代，他们也会过得很好。虽然他们不会使用苹果手机，不会使用微信，而且随便一个受过教育的现代人在某一个领域了解的知识都会比这个原始人多，但是来自远古的人类是跨界小能手，他们知道天象，知道动植物，知道如何制作赖以生存的工具。对于现代人来说，断电、断水、断食物供应、断Wi-Fi都会直接影响生存，更不要说把一个手无寸铁的现代

第五章 教育

人放到猛兽出没、居无定所的野外了。因为看重知识和行动的相互转化,所以远古人类在自己的时代会过得很好。而如果把一个远古人类放到现代社会,那么他们可能会比同时代的人更快速地学习,并比同时代的人更加看重利用所学的知识,建立知识和行动的最短联系,因此他们同样可以过得很好。

现代社会要求的跨界通晓、知行转化迭代能力,远古人早就具备了。

语言和想象力成为建造人类文明金字塔的另外两块基石。

因为想象力,人类脑海中不仅仅是眼前看到的白云、大山、草原、树林、动物这些存在于自然界中的事物,还有一些人类创造出的仅仅存在于脑海中的东西。这些东西可以是神灵、可以是判断标准、可以是"绿色、男人"这样的描述,可以是"家族、部落、国家"这样的概念,还可以是"明天、后天、等出太阳了、未来"这样以前不存在的时间观念。在人类发展中,几乎每一次巨大变革的核心驱动力都会有一个新的虚拟的概念:国家、帝国、货币、银行、平权运动、工业革命、信息时代、互联网金融……

如果人类通过想象力产生的这些虚拟的东西像一颗种子的话,那么人类的语言就是播种机。正是有了语言发展,才可以让某一个虚拟的概念快速、有效地传播,才可以让某一个虚拟概念成为现实。

因为想象力和语言的发展,人类终于可以调动更多的力量来完成一件事情。晚上,家族的人围坐在火炉旁,首领说:"明天一大

早，所有男性去湖边，一半在湖边面向阳光的一面，一半在背向阳光的一面，我们一起去打三只动物回来。"这个今天在我们看起来很简单的指示里面包含着远古人类以前不存在的概念：明天、一大早、所有、男性、湖边、一半、面向阳光、背向阳光、三只动物。

正是因为用想象力定义了这些虚拟的概念，用语言描述出来，并且让大家理解，才有可能让全族的男性一起去完成一个更大、更难的任务。

有了火的使用、想象力、语言这三块基石，人类文明的金字塔才得以被搭建起来。

自古教育的共性：恐惧和压力

小麦的驯化让人类长时间定居在一个地点成为可能。在此之前，人类靠采集和狩猎获得食物，但这些食物难以保存，而且当人口上升到一定数目的时候会导致资源枯竭，人们会继续迁徙到下一个地点。

小麦比较容易长期保存，如果储存得当甚至可以超过一年。而且农耕让人类不再消耗资源，而是创造资源。越多的人投入农业，耕种的面积越大，粮食的产量就会越高。

农业的出现让人们突破了采集狩猎时期的人口瓶颈，人类从此终于可以在一个地点大规模地定居了。但是随着聚集人口的增长以

第五章　教育

及农业的地域性，大规模聚集在定居点的人群的很多需求无法被满足。举个简单的例子，人体需要盐分，在以往的采集狩猎时代可以从动物的体内获得，当人们开始以粮食为主食后就没有了盐分的来源，而且适合种粮食的区域又不产盐。

于是贸易出现了，人们开始通过贸易的方式来获得所需的产品。一些交易成本低的人类定居点吸引来自各地的人进行交易。交易地点的规模快速扩大，从而吸引更多的贸易人群。随着贸易规模的扩大，更多人居住在交易地点，于是，商业定居点——城市出现了。

和农业定居点不同，城市聚集了来自四面八方的陌生人。大规模的陌生人聚集在一个区域，这是以前没有出现过的。所以，聚集在城市的人群需要对以前没有面对过的问题提出解决方案，比如：贸易过程中，为了解决商品交换成本的问题，开始逐渐使用贵金属作为流通媒介；为了解决陌生人交易的风险问题，创建了合同、担保人、公证人等初级的风险控制体系；为了解决违法的问题，创建了司法制度；为了解决私人财产保护的问题，创建了私人财产、遗产继承等制度；为了解决资源统一调配和城市利益维护的问题，创建了城市领导选拔和权力继承的制度；为了解决城市居住问题，设计了城市基础设施系统；为了管理部门收入的问题，创建了税收制度等。

随着人类文明体系的逐渐复杂，人类需要一种方式可以有效地记录和传承所积累下来的知识，于是，伴随着贸易、政府、宗教的发展，文字出现了。

贸易、城市管理、农业等城市活动无法教授阅读和写作，因此需要有一个专门的地方来教授阅读和写作。于是，学校出现了。

此时的学校的教学方法主要是死记硬背。老师通过高压手段使学生害怕、恐惧，甚至使用体罚的方式让学生记住知识。考古学家罗伯特·吉斯皮（Robert Guisepi）在古埃及黏土片上发现了一个孩子写的一句话："他们打我，我记住了知识。"[①]

从那个在黏土片上写下"他们打我，我记住了知识"的古埃及孩子到现在背乘法表、化学元素周期表、《滕王阁序》、GRE（美国研究生入学考试）单词的现代孩子，几千年来在教育过程中要求死记硬背、有时高压恐吓甚至体罚学生的现象一直存在。

从古希腊到夸美纽斯

宗教也是改变教育的强大力量之一。古时的犹太人坚持所有的孩子，无论什么阶层，都应该接受教育。6~13岁的男孩子进入小学学习《旧约全书》、犹太人的生活戒律、读写和数学。

说到宗教对教育的影响，希腊是另外一个例子。东方宗教里的神高高在上，并不存在于这个世界上，他们鼓励人们对来生和永世

[①] 资料来源：http: // history-world. org/history \ _ of \ _ education. htm。

第五章　教育

进行思考。古希腊的神更加亲民，和人民打成一片。在古希腊神话中，这些神更像拥有超能力的人类，有喜爱、怜悯、憎恨、愤怒、爱欲等人类的一切情感。

每当想起东方的宗教，我脑海中总是出现辉煌的庙宇，人们低头俯身表达尊敬；但是想到希腊神话的时候，总是出现一批有着超能力却和人一样的神仙，他们展示着健美的肌肉，在海边、在山丘上、在各个城邦之间挑事儿，追求美女，打仗，和人类相爱相杀。

如果你看过冯小刚导演的《老炮儿》，可以想象一下里面的主人公都有超能力：有的会瞬间移动、飞檐走壁；有的力大无穷，一口气搬一车煤气罐儿；有的拿把小弹弓，射谁谁就谈恋爱；有的帅得全天下的姑娘都想追求他……每个古希腊神仙都带着人间烟火，都是自带超能光环的"老炮儿"。

正是因为古希腊神话中的神仙更加贴近人们日常的生活，所以古希腊人更容易在日常生活中获得精神的富足，活在当下，不期来世，不依赖宗教的拯救。因此古希腊教育本身没有受到宗教的严格控制。没有服务宗教的教育转向了服务社会事务、国家管理和政治。

古希腊教育的目的是让孩子成为一个合格的城邦公民，可以参与城邦的各项活动。有趣的是，城邦的特点不同，其教育的目标也不同，最著名的例子就是古时的斯巴达和雅典。

在斯巴达，一个合格的公民就是一个合格的军人。斯巴达人作为外来的征服者需要不断镇压奴隶起义，因此其教育的目标是培养合格的军人，并不重视阅读、写作、文学，以及艺术。斯巴达的男孩子生下来就接受优胜劣汰，经过层层筛选后在 7～17 岁时离开家庭，接受严酷的军事训练，在 18 岁通过考核后，成为军队的预备成员，20 岁起，成为斯巴达军队的正式成员。高强度、高度军事化的斯巴达教育更强调一致性，强调城邦的价值高于个人。古希腊语中斯巴达教育一词 "Ἀγωγή" 有三层意思：知晓、引导、训练。这三层意思也成了现代教育服务政治的三个根基。

在雅典，一个合格的公民意味着一个和谐发展的人才。男孩子在经过挑选后，7 岁时进入学校学习，文学是早期教育的核心。除文学之外，学生们还要接受形体训练，进行球类运动，学习拳击、摔跤、投掷标枪等。一旦学生们学会了书写，老师会要求他们记住荷马的作品并且写下来。十三四岁的学生的教育以德育为主，学习音乐、演讲、天文、修辞、伦理。满 18 岁的学生进入高等教育阶段，高等教育以体育为主，如跳高、摔跤、标枪，还包括雄辩等。所以在古代雅典，一个合格的公民需要会音乐，会天文，会雄辩，可以参与国家事务，战时还可以上战场保家卫国。2 000 多年后，我们把这种教育称为"德智体美劳全面发展"。

无论是斯巴达还是雅典，教育的目的是服务国家，以国家的形态和需求为主培养人才。

第五章 教育

古罗马

公元前3世纪以前，古罗马的经济依然以农业为主。闭塞的小农经济、严厉的"家长制"让罗马人很像近代的中国人：孝敬长辈，尊重传统，看重道德。父亲承担教育孩子的责任，教授他们生活技能、生产知识和历史，培养其优良的品格。

公元前146年，古罗马征服了古希腊，大批古希腊老师来到古罗马，逐渐形成了以希腊学校为模板的教育体系。

六七岁的孩子进入"小学"，学习读写和数学。十二三岁的时候，家庭富裕的孩子们进入文法学校，主要学习拉丁语和希腊语。最初的文法学校里的老师大部分是古希腊人。这样根据年龄分级的学校系统在公元1世纪的古罗马成形，并随后在古罗马帝国中迅速普及。

虽然古罗马的教育深受古希腊影响，但是古罗马的教育更加功利，文法学校几乎成了培养官吏的地方，科学、哲学、音乐、舞蹈、体育等"没有用"的学科不再受到重视。

在文法学校教课的大多是古希腊人，教授的语言和内容并不是古罗马学生熟悉的文化，加上教学重点是无趣的语法、辞藻、修辞，学生们所学的又和实际生活脱节，他们无法提起兴趣。为了让学生们记住知识，古罗马学校利用严格的校规施以高压，甚至进行体罚。

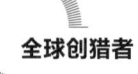

要背诵古文，记住华丽辞藻，如果背不下来就罚默写。今天，学生们即使背下来几千个英文单词、记住各种语法可能也无法写出一篇有意思的文章。对于以为学习就是一场考试接着另外一场考试的学生们来说，应该可以理解古罗马孩子的苦楚。

古罗马教育的特点可总结如下：

- 重目标，功利性强。
- 学习脱离实际生活的知识，无法和实际生活有联系。
- 重视语法，不重视内容。
- 死记硬背。
- 高压促学。

古罗马帝国之后，这个以功利著称、用来培养官吏的教育系统成为欧洲教育的雏形，并随着欧洲的发展影响了全世界。从古埃及、古希腊、古罗马，到之后将近2 000年的时间里，重目标、功利、死记硬背、高压促学一直是人类教育的背景色。

文艺复兴

在漫长的欧洲中世纪时期，教育几乎倒退到了蛮荒时代。以往，教育是为了培养学生，让学生在结构逐渐复杂的社会中有一席之地，而欧洲中世纪的教育则是让学生理解死亡并为死亡做准备。

教育是为了宗教：学习数学是为了更加严格执行宗教仪式，学

第五章 教育

习音乐是为了唱圣歌，学习知识也是为了证明神祇的存在。学生的身体只是一个躯壳，锻炼身体完全没有必要甚至被禁止。

直到文艺复兴。

文艺复兴是新兴资产阶级对欧洲中世纪天主教对人们精神束缚的反抗，人们希望像古希腊人一样在智力、精神、身体等方面得到教育和提升。在文艺复兴前的1 000年间，学习文法的重点是学语法、修辞、辞藻。在长达10个世纪后，人文主义者把古希腊和古罗马的文学思想加入教育，并且将教学的重点放在了内容上。

重点从语法、修辞、辞藻转移到内容，听起来没有什么，但是对人的影响巨大。2006年圣诞节，我和几个室友开车去奥斯汀和休斯敦，三男两女，一辆沃尔沃。我当时还没驾照，而iPhone（苹果手机）一年以后才推出。为了使窝在后座的时间不太无聊，我临走前从图书馆借了一本书：亨利·米勒（Henry Miller）的《北回归线》（*Tropic of Cancer*）。书的封面棕黑阴沉，一个裸体女人扭着身体斜躺着，一抹阳光落在胸上，这是整个封面最亮的地方。我猜想这究竟是关于凶杀、色情还是悬疑的书？但无论是哪种都可以消磨时光。美国没有《啄木鸟》和《法制日报》这样的中国报刊，就看这个吧。

车从达拉斯出发，我翻开书，一目十行，九行有不懂的单词、语法和句式。但是亨利·米勒独特的气息随着故事顺着字缝儿涌了

185

出来，什么不懂的词、不懂的语法、不懂的句式，完全不影响我看他絮絮叨叨地讲这个故事。

快到奥斯汀的时候，我合上书。比起之前十几年在学校被要求死记硬背英文单词、语法和句式，过去几个小时只注重内容的阅读体验好像一丝清风吹进了我这如千年古墓的心。

文艺复兴初期的那些开始关注古希腊和古罗马文学的学生一定有和我一样的感觉。

当时教育的手段也发生了改变，一些创新的教育家认为教育应该是快乐的、有趣的、让人愉快的体验。其中最著名的例子就是意大利人文主义教育家维多利诺（Vittorino da Feltre）建立的名为"快乐之家"（Casa Giocosa）[①] 的学校。

在"快乐之家"，学生们在精神、身体和道德方面都得到发展。维多利诺认为健康的身体是学习的基本条件，学生们会学习骑马、击剑、射箭、游泳等。维多利诺反对死记硬背、高压促学和体罚的教学方法，强调启发学生学习的兴趣和主动性。

可惜的是，这一股清风也只是在千年古墓的洞口掠过。教学内容除了添加了历史和身体锻炼，其他没有特别大的变化。类似维多利诺这样的人文教育理念和方法只是影响到了一小部分精英阶层。

类似"快乐之家"这样的学校并没有普及。相反地，其他大量

---

① 资料来源：https://en.wikipedia.org/wiki/Vittorino \ _da \ _Feltre。

第五章 教育

的拉丁文法学校加入了古希腊和古罗马的文学，并且将教学重点再次转向了枯燥的语法和修辞。为了让学生可以掌握这些枯燥的内容，教育的方法依然是以死记硬背、高压促学为主。

17、18 世纪

随后的 17、18 世纪的教育系统依旧停滞不前。

学生们被要求死记硬背记住那些他们完全不理解的知识，老师依然靠严格的纪律、高压、体罚的方式督促学生学习。

我可以把上面的这段话，粘贴复制到大部分的历史时期作为当时教育的注解，甚至适用于现代教育。老师作为教育的核心力量，从欧洲中世纪到文艺复兴，从 17、18 世纪到现代社会，虽然随着社会的进步整体素质在不断提高，但很多人都不是社会顶级的人才。现在很多大学教授从学生变成老师，几乎从未离开过学校。他们的实践经验较少，教计算机编程的教授也许从未做过真正的大项目，教商业的教授也许很少自己开公司，但是学生们期待从他们身上学到未来可以应对社会的知识。就像萧伯纳（George Bernard Shaw）在《人与超人》（*Man and Superman*）中写的："He who can, does; he who cannot, teaches."（能者为之，庸者教课。）

教育长时间处于"永远脱节，从未被甩开"的尴尬局面。17 世纪时，拉丁语已经不再是商业用语，在宗教中也不再是唯一用语，生活中使用的频率更低了，但是大部分的学校依然坚持教授拉丁语。

全球创猎者

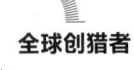

原本应该是引领时代进步的教育，却被时代落在了后面。

虽然17、18世纪的教育状况是倒退的，但是依然出现了一批伟大的教育家，他们的理念和实践直接导致了17、18世纪的教育革命。

其中有被誉为现代教育之父的夸美纽斯（J. A. Comenius）。

夸美纽斯认为当时的学校是"填鸭式教授无法理解的知识，屠宰思想的地方"。他认为理解不是记住什么概念或者名字，而应该是基于对事物的观察，所以教育实践应该是从观察入手。于是，世界上第一本有插画的书《世界图解》（*Orbis Sensualium Pictus*）出现了。

《世界图解》是一本专门编写给儿童学语言的教材，每一课配有一张图片和一篇文章。文章重要单词的旁边标有数字，并和图片中的数字一一对应。在夸美纽斯之前，从来没人这样做过，孩子背下的都是一系列的单词，无法和现实产生联系。

夸美纽斯提出的学习方法对我的影响非常大，我总结如下：

- 在学习之前先行动。
- 在语言介入之前先学习观察。
- 在学习外语之前先学习母语。

我鼓励所有的创猎者去践行夸美纽斯的学习方法。夸美纽斯拒绝教育中各种形式的强迫，他强调教育是为了认识世界的运行规律和秩序，认识自己，让自己回到世界的秩序中，和这个世界融为一

第五章 教育

体，和世界形成正向的互动。作为现代教学法的奠基者，夸美纽斯尝试让教育远离强迫、暴力和恐惧。

夸美纽斯之后，在世界上不同的国家、不同的时期出现过许多教育家，我在这里不一一介绍了。进入 21 世纪，我们可以看到教育更加普及，形式更加多样。更多的人通过教育获得了以往没有的机会。全世界范围内，大多数人依然把进入教育系统作为改变自己、提升自己的主要选择。

当一个人和大部分人的选择一致的时候，就是路越走越窄的时候。教育也不例外，当所有人都选择用教育改变自己的未来时，事实上教育赋予一个人的可能性就越来越小。我们一起来看看教育的另外一面。

来，把硬币立起来

我想在这里先分享一个我个人最喜欢的格言，来自《了不起的盖茨比》(*The Great Gatsby*) 的作者弗朗西斯·斯科特·基·菲茨杰拉德（Francis Scott key Fitzgerald）。为了显示我对这条格言的喜爱程度，这是唯一在本书中出现的图片格式的格言，如下图所示。

菲茨杰拉德说："人类的顶级智慧在于可以理解容纳两种截然相反的观点，并且指导自己的行动。"

世界上大部分的争吵就像固执地选择硬币的一面，把自己限制

189

> The test of a first-rate
> intelligence is the ability
> to hold two opposed ideas
> in the mind at the same time,
> and still retain the ability
> to function.
>
> —F. Scott Fitzgerald

在了对错之间。真正的智慧不是让硬币静止躺在地上，固执地选择一面，而是看到和理解硬币的两面，然后让硬币立起来，滚向远方。

在我游历过的不同国家，教育依然被大部分人当作改变自我的主流方式。很多人的确也通过现代教育系统提升了自我。我也深度接触过一些现代教育系统内的优秀教育家，并对他们的贡献保持最大的尊敬。

在这一章的最后，我想探讨教育的另一面。我无意批判教育，或者是支持教育，我希望大家看到教育的两面，把硬币立起来。

我想带大家看一下"学习金字塔"，它是由美国学者埃德加·戴尔（Edgar Dale）于1946年率先提出的。他研究了多种方式下一个人还可以记得两周以前学习的内容的比例，具体如下页表所示。

研究显示，通过真实实践、模拟真实的经历、做全方位的演示可以在两周后依然记得90%的内容，而通过给别人演讲或者参与讨

第五章　教育

记住内容的比例	学习方式	参与方式
90%	真实实践	主动参与
	模拟真实的经历（教育中本应该最重要的部分）	
	做一个全方位生动的演示	
70%	给别人演讲	
	参与讨论	
50%	实地观察过完成的过程	被动参与
	看演示（包括非实地电路上的演示）	
	看展览	
	看电影	
30%	看图片	
20%	听课（现代教育最主要的方式）	
10%	读书	

论，两周后可以记得70%的内容。以上两种都是主动地参与和学习。通过实地观察完成的过程，看演示、展览和电影，两周后可以记得50%的内容；通过看图片，两周后可以记得30%的内容；通过听课，两周后可以记得20%的内容；通过读书，两周以后只记得10%的内容。

我希望大家可以仔细研究"学习金字塔"。对我来说，学习金字塔不仅是很好的学习方法、指导工具，还是反映教育系统两面性的镜子。对于世界上很多的教育系统来说，一群孩子在一个课堂上听

191

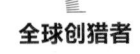

课和读书是主要的教育方式，而听课读书恰恰是整个学习金字塔中效率最低的方式。模拟真实的经历本应该是教育系统里面最重要的部分，可在现实的教育系统中被忽略了。

因为听课、读书是现代教育的主要方式，忽略了模拟真实经历的重要性，所以"试错"在大环境下成了一个不被认同和鼓励的事情。我的高中是河北省重点高中之一，我依然记得做题时老师不停地告诉我们"最好的解题方法"，如果有人敢进行其他尝试，用其他方式进行解题，"惨不忍睹"的成绩单就是回报。

我的目的不是谴责我的高中，只是想说明很多教育机构的教育和评估逻辑都是建立在"不犯错误就是好学生"的基础上。

如果你观察过小孩子如何学习走路，就可以发现他们会先慢慢地站起来，高举双手，迈左脚，迈右脚，摔倒，哭，站起来；迈左脚，迈右脚，摔倒，哭，站起来；重复，重复，不断重复，最后才可以稳稳当当地走起来。

就像理查德·巴克敏斯特·富勒（Richard Buckminster Fuller）说的："人类被赋予双脚，一脚踏着错误，一脚踏着更正，不断重复，前行。"也如罗伯特·清崎的《第二次机会》展示的，详见下页图。

可是，当这些不断在试错中学习成长的孩子进入教育系统后，他们被告知试错是错的。那些可以记得住正确答案、会用最有效率的方法解题的孩子才是好学生，而那些卷子上画满了红叉，犯错不

第五章 教育

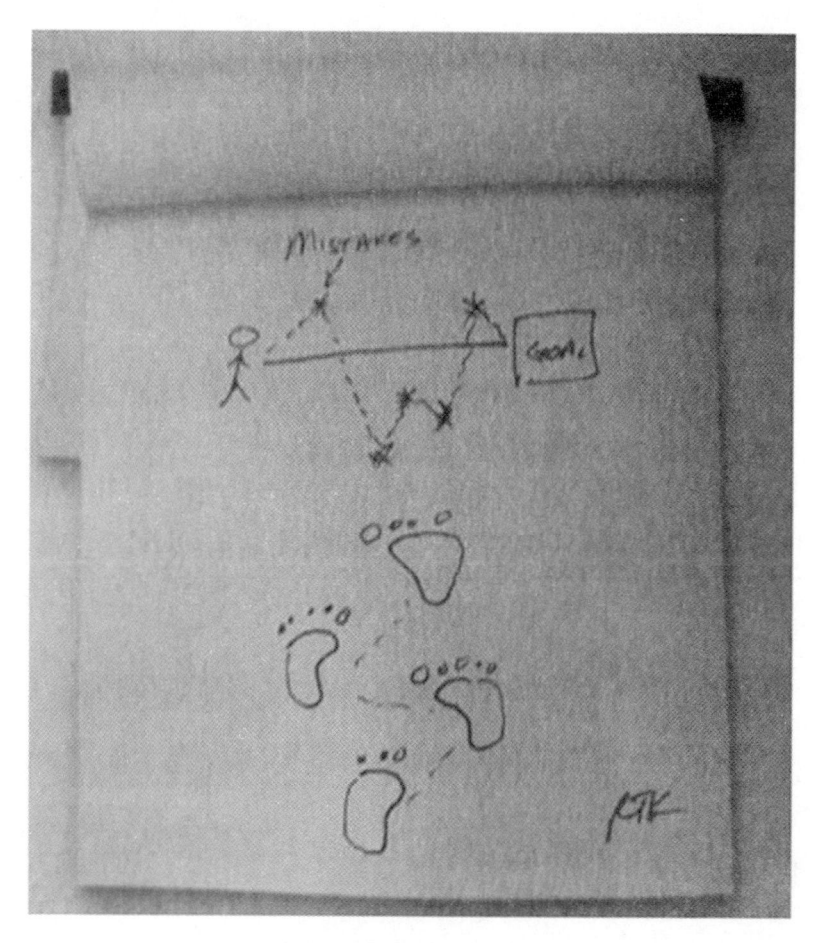

罗伯特·清崎的《第二次机会》

断的孩子不是好学生,很笨,没有前途。慢慢地,孩子们惧怕犯"错误",害怕试错。

面对未知的未来,我们都是蹒跚学步的孩子:左一步,右一步,

摔倒，站起来；左一步，右一步，摔倒，站起来；不停重复。尤其对全球创猎者来说，在不同的国家发现机会，实践自己的想法，没有成功或暂时失败是最正常不过的事情。我希望你们不断地问自己下面3个问题：

- 我有多久没有犯错了？
- 我犯了什么错？
- 我如何改正？

如果你有很长时间没有犯错，那么说明你可能正在被这个快速变化的时代抛弃，而你自己没有觉知。如果你犯了错，那么祝贺你，因为你至少迈出了左脚，接下来你需要立刻做的就是问自己如何改正，迈出右脚。如果你在不断犯错，不断记录自己的错误，不断改正，那么你也许不是教育系统里面最好的学生，但你绝对是这个时代最好的学生。

在真实的社会中，一个人单兵作战可以完成的事情越来越少，一个人可以完成的项目的价值也越来越小。我建议所有的读者，尤其是学生读者，不断问自己下面3个问题：

- 我是否主动地在和别人协作？
- 协作创造了什么价值？
- 我们是如何协作的，是否可以让协作更加高效？

如果没有和别人主动地协作，那么就在日常的工作学习中寻找

第五章　教育

协作。哪怕是做展示自己的一个网页，logo（标志）设计、网站搭建等都需要你主动寻求协作来完成。你需要不断地分析协作创造了什么价值，如何更高效，不断地进行总结、分析、实践。

在现代教育系统中，我们来到学校，或者在网络上，听一个人讲课，这个人被称为老师。老师告诉我们什么是正确答案，告诉我们什么是最高效获得分数的方法，老师是那个告诉我们正确方向的人。潜移默化地，我们留下了印象：老师是给我们教育的人。

错！

我们此生，究其源头，只有一个人可以给我们真正的教育：自己。

我们一生，无论是读过什么顶级的高校，游历多少国家，还是和多少的导师有过深度、发人深省的对话，只有我们自己才是最终处理这些信息和经历的人。我建议所有的读者从现在开始把此刻的自己视作上一刻的自己的老师，问自己下面的问题：

- 我最近教会了我自己什么？
- 我的目标是什么？
- 为了目标我需要学习什么，或者需要有什么经验？
- 我如何去学习这些知识、获得这些经验？

如果你还记得"学习金字塔"的话，就要知道"真实实践"和"模拟真实的经历"是未来领袖的真正分水岭。无论是中国，还是世

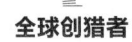

界其他国家的教育机构，教育的目标大多是让学生找到一份工作，而很多受过现代教育的人也都会以找到一份好工作为目标。

我无意评价现代教育的核心目标，我只想让大家看到硬币的另一面，如果你看了前文关于"鱼和渔"的讨论，你应该可以理解获得一份工作只是有了"鱼"。如果你想知道"渔"，即如何打鱼，你应该进行自我金融教育，因为现代教育系统很少提及。

如果一个人没有自我金融教育，那么看到的世界和真实的世界会有偏差。假如一个人想成为一个企业家，那么他需要拥有销售技巧、营销技巧，成为一个通才，而现代教育系统很少提供相关的学习环境。

所有正在经历现代教育系统洗礼或者已经经历过的读者，我希望你们问自己下面的问题：

- 如果一份工作是"鱼"的话，那么我的"渔"是什么？（如果我想保留我的工作的话，我还可以做什么扩大自己的经济自由度？）
- 我如何开始自我金融教育之路？（推荐我在第三章给出的书单。）
- 我是否是一个通才？
- 我如果想学会"渔"，那么我需要去学习什么知识，获得什么经历？

第五章　教育

在这个地方，我想再次重申菲茨杰拉德的格言："人类的顶级智慧在于可以理解容纳两种截然相反的观点，并且指导自己的行动。"

关于教育，我们依然可以罗列非常多与两面性相关的案例，我希望所有读者不是只批判现代教育的弊端，也不会简单地认为现代教育弊端的反面是完美的解决方案。最好的方式是意识到现代教育的两面性，并为提升自我服务。

| 迭代·机会 |

这个时代的乐趣之一就是成为终身学习者。我很喜欢李善友教授说的一句话："成年人学习的目的，应该是追求更好的思维模型，而不是更多的知识。在一个落后的思维模型里面，即使增加再多信息也是低水平的重复。"我热切地期待在观察不同国家的机会中和大家一同升级思维模型，快速进行知识迭代，接触未来的机会。

总结

- 站在巨人的肩膀上，我们能看得更远。建立自我教育系统最好的方式就是研究伟大教育家的思想，择善而取，为我所用。
- 拒绝使自己同质化的行为，要使自己有特点到足以在众人中脱颖而出。不停地与人交流，获取他人心中的真实想法。以史为鉴，进行反思，挣脱现代教育的束缚，获得教育赋予我们的真正可能性。
- 像远古人类一样，跨界通晓，知行合一，快速进行知识迭代。使用现代可以帮助我们提高效率的工具，打造新的学习金字塔。
- 从古埃及到现代，在教育过程中要求死记硬背、进行高压恐吓甚至体罚的现象一直存在。
- 现代教育忽略了模拟真实经历的重要性，又不鼓励"试错"，这使很多学生形成了"不经咀嚼，直接下咽"的学习习惯，且害怕犯错。
- 我们此生只有一个"真正的"老师，只有一个人可以给我们教育，就是我们自己。
- 现代教育系统中人们看到的世界和真实的世界存在偏差，如果一个人想成为企业家，在进行自我金融教育的同时，还必须拥有现代教育系统未传授的销售技巧、营销技巧等，成为一个通才。

第六章

成为全球创猎者

第六章　成为全球创猎者

刻意练习

> 天才是1%的灵感，99%的汗水。
> ——爱迪生

我在不同的国家见过很多优秀的人，这些人都在自己的领域里被认为是天才。可是，当我有机会近距离观察他们的生活、工作、行为和思想准则的时候，我越来越相信天才是一个假象。我还想把我自己理解的一句话加在爱迪生的这句名言后面："**1%的灵感来自99%的汗水。**"

《刻意练习》（*Peak: Secrets from the New Science of Expertise*）一书中描述了很多被外界称作天才的人在公众视线背后如何用努力和汗水铺平了他们通往"天才"的路。

人们认为7岁就拥有完美音高的莫扎特是一个天才。但是在2014年东京的一音会的一项实验项目中，实验人员招募了24个2~6岁的孩子进行训练，所有完成训练的孩子都被培养出了完美音高。

全球创猎者

同样，莫扎特的完美音高也是在他的父亲倾注心血的训练培养下获得的能力。所以，完美音高是一种可以经过训练、几乎每个人都可以获得的能力。

"天才"这一群拥有某方面杰出能力的人是训练的产物。在不断地刻意练习下，一个人可以不断地突破脑力和身体的极限。

1908 年，约翰尼·海耶斯（Johnny Hayes）夺得奥运会马拉松冠军，在这场被称为"20 世纪最伟大的比赛"中，海耶斯创造了马拉松世界纪录，成绩是 2 小时 55 分 18 秒。在人们不断地刻意练习下，马拉松的世界纪录不断被刷新。如果你是 18～34 岁的男性，参赛要求至少是 3 小时 5 分，也就是说，当年"最伟大比赛"的成绩现在只刚刚够参赛要求。

类似这样的例子不计其数。**所有的"天才"不断地刻意练习，不断地突破自己脑力和体力的边界。任何人在刻意练习下，都可以成为某一个领域的大师，其中也包括成为全球创猎者中的佼佼者。**

下面我按照刻意练习的思路来提供一系列的工具，帮你踏上全球创猎之路。

踏上全球创猎之路

刻意练习的第一步是设立明确的目标。对于全球创猎者来说，

第六章　成为全球创猎者

唯一的目标就是机会，找到适合自己的机会，利用机会实现发展。

我无法具体描绘"适合自己的机会"。对我来说，今后5年最适合我的机会是帮助中国的80后、90后，甚至00后这三代人获取更多世界上适合他们的机会，帮助他们获得更多的海外实战经验。这个机会也许是在东南亚或者非洲设立高科基金，也许是成为高加索地区最大的葡萄酒进口商，也许是把海外的模式带回中国，也许是探索把中国的无人零售店带到国外……但是无论如何，我的目标只有一个：机会。

第二步是专注。我希望所有的读者明白的是，如果你准备在中国崛起的时代大背景下，猎取这个世界上最适合你的机会，那么过程会极度艰苦，需要长时间的付出。如果你从本书中看到了有趣和光鲜的一面，那么我向你保证那只是非常小的一部分，常态是读信息，长时间地一个人寻找信息，不停地联系人进行深度交谈，不断地接受挫折和失败。

所以任何玩儿的心态是无法让你踏上这条路的。如果你只是想着"摩洛哥据说很好玩儿，去旅游的时候顺便看看有什么好机会"，那还是好好玩儿到尽兴为好。

第三步是有反馈。在刻意练习中，你需要知道你做的事情对不对，有什么评价行为的标准，如果不对的话如何进行改进。对于一个练习完美音高的孩子，旁边有老师及时指出错误。但是，**对于全球创猎者来说，不可能有导师跟着你在世界旅行，寻找机会**。事实

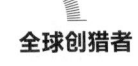

上，我非常肯定的是，**全球创猎者中大部分的人做的事情是开创性的。你只能寻求自我反馈，成为自己的导师。**

寻找全球范围内适合自己的机会是全球创猎者最大的目标。这个目标是信息、行动、关键人物的紧密体现，如下图所示。我在这三个方面分别给了工具，这些工具方便大家在执行的过程中进行自我评估，不断地纠正，寻求自我反馈。

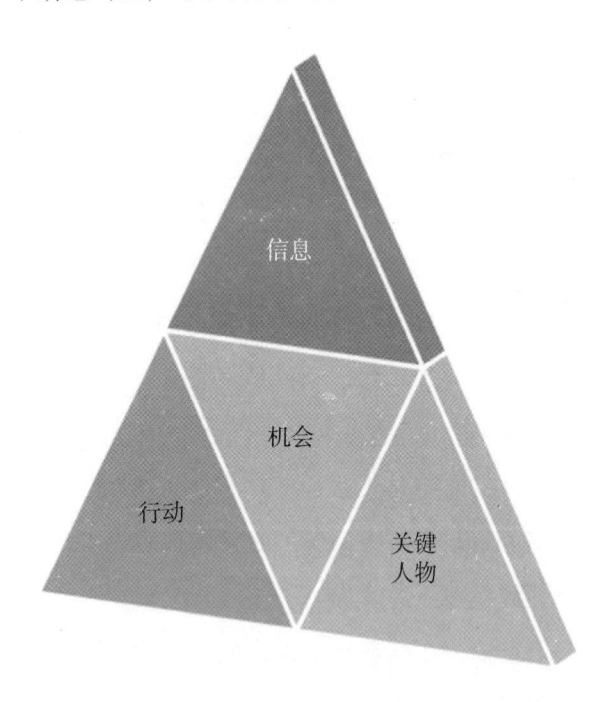

信息

机会

行动　　关键人物

如果你是一个完全的新手，那么请参考我给出的成为全球创猎者的最初步骤：

第六章　成为全球创猎者

1. 选取你感兴趣的国家。

2. 如果你不知道选取什么国家，我强烈建议你选一个"一带一路"倡议中的国家。

3. 建立这个国家的信息源并且不断完善这个国家的画像。工具请参考"国家画像清单"。

4. 处理从各个渠道收到的关于这个国家的信息。请使用工具"信息处理清单"。

5. 从信息中寻找关键人物。请使用工具"关键人物评估清单"。

6. 在分析信息的过程中不断增加信息触动机制。请使用工具"设置触发信息"。

7. 逐渐确定国家的趋势、机会，开始和关键人物接触。方法请参考"渗透社交"。

信息

国家画像清单

目的：不断完善和具体化一个国家在自己脑中的画像。
- 经济形势和主要支柱产业。
- 主要支柱产业里面的主要大玩家。
- 主要大玩家里面的家族。
- 目前这些主要支柱产业是否和我的背景相关？

全球创猎者

- 中国目前和这个国家在经济上是什么关系？
- 中国未来几年和这个国家在经济上有什么共同目标？
- 在这个国家和中国实现共同目标的过程中会发生什么重大变化？
- 这些将会发生的重大变化和我的背景有什么联系？
- 这个国家对海外人才是否开放？
- 这个国家对海外资本是否开放？
- 这个国家的政府在透明度上排名如何？
- 我的信息源是什么？
- 我的信息源是否是唯一的，比如是否只有互联网？
- 如何评估我的信息源？（请使用"信息处理清单"）
- 谁是回答我这些问题的关键人物？
- 我是否在和这些关键人物用正确的方式进行互动？（请使用"渗透社交"）
- 关于这个国家我设置了什么触发器？（参考"设置触发信息"）
- 我在做国家画像时，是否使用我以前的价值观进行评判？

信息处理清单

目的：更高效地收集信息，评估信息。

- 信息源来自哪个国家？
- 信息源是否是商业的？

第六章　成为全球创猎者

- 信息源的读者群体是谁？
- 我是否有不同的信息源？
- 我是否有意识地用下面的标准来规范自己的思维：

  我相信它，但是它未必是真的；
  我相信它，但是我也许是错的；
  我想相信它，但这也许是因为我内心的愿望而产生的偏见；
  相信它符合我的最大利益，但是我的最大利益和它是否真实无关。

- 信息所描述的变化是什么？
- 信息所描述的变化涉及哪些人群？
- 我在这个变化上做什么可以增加价值？

关键人物评估清单

- 他的背景是什么？
- 他的兴趣爱好是什么？
- 他的政治观点是什么？
- 他目前的主业是什么？
- 我在他的主业上是否可以帮助他？
- 我在他的主业上是否可以和他合作？
- 他对未来有什么看法？

全球创猎者

- 对于他对未来的看法，我有什么可以帮助他的？
- 对于他对未来的看法，我有什么可以合作的？
- 我是否做到了不卑不亢、平等尊重？
- 我是否 pay to play？
- 我是否完全专注于增值，而不是专注于回报？
- 我是否对于我提供的增值建议有足够的准备？

设置触发信息

- 关键行业。
- 关键机构。
- 关键人物。
- 关键项目名称。
- 趋势关键词。

总结

- "天才"这一群在某方面拥有杰出能力的人是训练的产物。在不断地刻意练习下,一个人可以不断地突破脑力和身体的极限。
- 对全球创猎者来说,不可能有导师跟着我们在世界旅行,寻找机会。我们中的大部分人做的事情会是开创性的,我们只能寻求自我反馈,成为自己的导师。
- 成为全球创猎者最初的步骤如下:
    1. 选取你感兴趣的国家。
    2. 如果你不知道选取什么国家,我强烈建议你选一个"一带一路"倡议中的国家。
    3. 通过国家画像的方式,建立这个国家的信息源并且不断完善这个国家的画像。
    4. 处理从各个渠道收到的关于这个国家的信息。
    5. 从信息中寻找关键人物。
    6. 在分析信息的过程中不断增加信息触发机制。
    7. 逐渐确定国家的趋势、机会,开始和关键人物接触。
    8. 实地考察。

结束语

《全球创猎者》写完了，这是对我博士毕业以后的经历和想法的一个总结。

现在是2017年7月20日的晚上11：39。这是这本书的最后一段话，我想在12点前写完离开办公室，回家。儿子说如果我不回去他不睡觉，这话我小时候也经常对我爸爸说。我对儿子说："天上会下金币，只有努力到凌晨的人才可以看到。"这话我爸爸也在我小时候对我说过。

过去的7年，我旅行，高频见人，专心做项目，在别人看来是"做自己"。可是，每一个"做自己"的人，背后一定有人默默地帮他做着那些聚光灯外的事情，默默地用行动支持着他。我感谢我伟大的父母，他们教给我正直、勤奋、有担当。我感谢我的妻子，她默默地用行动支持我所做的一切。我感谢等我回去睡觉的儿子，他让我感觉到未来的温暖。

这本书，献给我的家人。

如果有天堂，一定是不同时代的人坐在一棵梧桐树下，手中有各自时代的美酒，讲各自的故事。在苏格拉底、成吉思汗、乔治·华盛顿、聂鲁达讲述他们各自的故事后，我相信我依然可以让大家团聚在我身边听完我的故事。

历史上，人类从没有如此方便地可以去这个星球任何一个地方。

全球创猎者

历史上，人类从没有如此方便地了解一个国家或者地区的信息。

历史上，人类从未如此容易地相互沟通。

历史上，人类从未经历过长久没有大型战争的和平时期。

历史上，人类从未经历过如此的繁荣。

历史上，人类从未像今天一样感觉到这个星球是一个有机的整体。

历史上，人类从未如此方便地高效利用这个星球来打造自己的未来。

我们就处在这样一个特殊的历史时刻。

我希望所有的读者可以从这本书中真正理解时代公式，让这个时代成为自己的朋友。任何有能力把信息快速转化成行动，和时代变化同频，并且在不同的国家和地区来实践自己想法的人，都会被这个时代青睐。因为中国崛起，中国的年轻人依靠中国的市场、资本、国际声望等在全球范围内寻找机会，则是这一代人的时代机会。

这是中国人全球创猎的时代。

推荐语

郝杰在《全球创猎者》中站在一个更长的时间视角看待机会，中国的年轻人从一门心思离开中国去海外求学留在海外，到看到中国的崛起大批回国，再到郝杰说的依靠崛起的中国在全世界范围内寻求机会，这都是在参与这个时代，甚至是引领这个时代。

——俞敏洪　新东方教育科技集团董事长

与时代同频、共振才能把握革命性的进步机会，这也是本书的重要内容。推荐年轻人尤其是90后通过《全球创猎者》这本书，去了解和发掘这个时代的变革红利，成为全球范围内的"创猎者"。

——盛希泰　洪泰基金创始人、资深投资银行家

我们在一个新全球化的时代，除了货币资本的培育，新国际化社会资本和人力资本的培育更是如箭在弦、势在必发。

——袁　岳　博士、飞马旅联合创始人

很高兴可以读到这样一本视野开阔且言之有物的书，《全球创猎者》是作者郝杰这些年经历的总结，可以作为中国本土企业"出海"的思想导引。在当今"走出去"的浪潮下，中国年轻人也需要这样的好书的指导，去海外建立事业。

——刘　润　润米咨询创始人、前微软战略合作总监

郝杰博士有独特的全球视角和全球运营方法，并站在全球各地独特的文化和经济立场来寻找未来的机会。开拓全球市场、善用全球资源是中国企业家和创业者都必须考虑的问题，相信这本《全球创猎者》会给大家以借鉴。对了，这也是一本有趣的故事书。

——张维宁　长江商学院教授、长江创创社区学术主任

郝杰的"全球机会"的确是创猎者所寻找的。每一个人都拥有无限的潜能，如何运用心灵的力量帮助我们创造所需要的一切，并快速地得以实现，读《全球创猎者》会有所启迪。

——景　一　汉景家族总裁

互联网让世界变平，中国基因由中国制造逐渐成为中国创造，让资本走出去，郝杰的《全球创猎者》会给你带来很大的启发。

——于光东　360终身顾问、360前高级副总裁、沸点资本创始合伙人

这是一个最好的时代，年轻人通过创业可以实现自己的梦想，影响千千万万的人！怎么创业？去哪儿创业？看这本《全球创猎者》。

——张筱燕　梅花天使合伙人

郝杰以独特的视角，讲述了他在全球各地猎取商业机会的独特经历。比随处可见的游记读起来更有趣，也获益良多。通过商业视

角讲述和当地社会进行深度交流的故事,让这本书与众不同。

——王　淮　线性资本合伙人

　　有幸读到郝杰先生的《全球创猎者》书稿,深为兴奋和感动。中国今天已经全面地走向世界,但很多人对这个世界的认识并不深入。以往对国外的描写大多是以游记形式呈现,不仅未能让中国人真正全面地了解国外,而且离打交道、做生意需要了解的知识相去甚远。郝杰先生不仅有长期在国外生活工作的经历,而且对各方面的规律也有深入的思考和总结。这本书是一本难得的第一手测量数据与深入逻辑思考相结合的佳作,且行文优美,极具艺术气息,对于准备走出国门的中国企业具有非常实用的意义和价值。

——汪　涛　前中兴通讯国际市场管理体系奠基人

　　所谓创业三要素——人、钱、事,无论团队、资金、战略还是战术,处处是坑,难度极大。如果再加上陌生的语言和文化环境,相信会令绝大多数人望而生畏。

　　但对中国的年轻创业者而言,现在却是走出国门、开疆拓土的好时代。中国正处在创新能力大爆发、产业和消费全面升级、国际影响力快速提升的上升通道。"一带一路"倡议,标志着中国从全球化和自由贸易的主要受益者,正式成为进一步全球化的引领者。中国人不仅需要原料和市场,更愿意输出自身的基建能力、技术、资

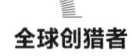

本和发展经验。形势颇可类比大航海时代：勇敢的探险家们第一次把目光投射到大洋彼岸，他们发现了丰沛的资源、肥沃的土地、大量的贸易机会……最终他们传播了知识，也带来了财富。

恐惧常常源自未知。郝杰这本书讲的是跨境创业的"人"和"事"，一本作者身体力行的"攻略"。为的是破除年轻人跨境创业的恐惧感，建立自信。中国人已经站在全球创新，尤其是商业模式创新的前沿。我们大可自信地将中国已经验证过的成熟模式复制到其他国家（Copy – From – China）。最难的，大概是走出这第一步。衷心期待这本书的读者中，能诞生出若干哥伦布、麦哲伦，驾着帆船、乘着信风、往来于洲际，那这书的价值就很大了。

——郭新涛　银客网首席执行官（CEO）

在互联网金融深入生活和商业各个角落的今天，创业者的自我金融教育迫在眉睫，只有不停学习，才能跟上时代。看到郝杰在"自我金融教育"一节中推荐的书单，里面有许多我爱不释手的好著作，希望我们可以在这本书提供的互动社区内多多交流。

——唐　彬　易宝支付 CEO

2009 年，我创立了酒仙网，因为一直在和酒打交道，所以格外关注这本书关于酒的章节。作者对红酒收藏阐述的相关部分，我深感赞同。红酒是绝佳的保值物，那些绝佳年份的佳酿未来会越来越珍稀，红酒收藏领域的确值得有兴趣的收藏家来关注。

——郝鸿峰　酒仙网创始人

我也是一个热爱旅行，热爱在旅行中探索发现的人，书中涉及作者在智利、哥伦比亚、英国、澳大利亚旅行与创猎的经历，读来令人感到既新鲜有趣，又难以忘怀。想必很多读者读过之后，会萌生出国旅行、创猎的想法，这无疑是一个意识上的飞跃。中国年轻人，多出去看看，品味世界的不同，感受不一样的人生。

——张平合　世界邦旅行网创始人

投资的精髓之一就是在不同的行业、不同的领域，不断地发掘价值洼地。郝杰的《全球创猎者》，为我们带来了与众不同的全球投资视野，清新而实用，让我不知不觉就成了他的忠实粉丝，在此隆重地推荐给大家。

——谈文舒　安芙兰资本合伙人

创投人与猎人有着共同的特点：直觉敏锐、敢于冒险、出手精准。猎物在哪儿，猎人就在哪儿；项目在哪儿，投资人就在哪儿。全球化的时代，越来越多的中国人带着资本在全球寻找技术、产品和团队。郝杰带着他的年轻人团队，去南美、去欧洲、去远方狩猎，不管猎到什么，这个过程都不仅充满艰辛也极富有诗意，期待创猎

全球创猎者

者最终满载而归。

——丁　瑜　上海枫联股权管理有限公司董事长

作为VC/PE（风险投资/私募股权投资）领域的一名从业人员，我见过不少创业者，也投资过多个创业企业，然而郝杰的"创猎"思维让人眼前一亮，有望在未来十年掀起新的波澜。

——陈佳亭　财通资本董事总经理

全球化是不可逆转的浪潮，郝杰的《全球创猎者》提纲挈领地提供给我们观测、应对这一变化的视角和方法，是中国创业者"走出去"不可多得的一本向导书。

——赵　阳　险峰长青合伙人

郝杰及其所在基金在全球投资的经验非常宝贵，可谓中国投资人"出海"做全球创猎者的先行军。此书不仅对项目做出了细致的剖析，更对一些国家的历史、人文、政治生态等做了宏大的描述，对我们投资人和创业者提供了极佳的参考行军地图，启迪深刻！

——王　冬　厚合资本CEO

《全球创猎者》既能给人带来无限的梦幻故事，又能够给那些身

推荐语

处投资行业或是有志于投身投资行业的人带来启发和灵感。

——赵　辉　晨稷资本合伙人

今年是我进入创业投资行业的第十个年头,一直关注并支持着中国和美国的互联网高科技企业,但在这个全球化的时代,除了中美之外,其他国家同样蕴含着巨大的经济增长点。作者郝杰以自己多年在拉丁美洲、澳大利亚和欧洲的亲身投资经历,教授对这些国家还不太了解的投资人、创业者如何寻找机会并抓住机会,读《全球创猎者》,跟郝杰一起全球创猎。

——刘立伟　Closea Ventures 创始合伙人及 CEO

这是一个颠覆传统的时代,这是一个瞬息万变的时代,这是一个新思维泉涌的时代!"全球创猎"正是这个时代的产物与引领者,值得每一位有志创业的青年才俊认真品读!

——崔　丹　辽宁东北亚经济文化促进会会长、沈阳新领地骑士俱乐部主席

郝杰这本书以个人多年经历为基础,用非常有趣的方式给你一个全球化的视野,告诉你未来的机会所在,非常值得推荐!

——王　通　通王科技董事长

全球创猎者

加速，连接，信动力，全球创猎，时代能力……郝杰以其在智利、哥伦比亚、英国、澳大利亚等国家的亲身"实验"和"体验"，深刻揭示年轻一代如何通过"立足中国，智通全球"来建立自己的核心竞争力。

——戴健民　大成 Dentons 合伙人

大英帝国崛起的时候，一批敏锐的年轻人跟随不列颠的船只发现了地球的信息不对称，从而发掘了无数的财富，有些家族直至今日仍然享誉世界。

美利坚扩张的时候，一批保持好奇心的年轻人，跟着美元与大棒发现了世界的偏差，从而创造了极高的商业文明，很多行业至今仍称霸世界。

如今，中国的年轻人也有机会，跟随着中国崛起的历史机遇，发现属于我们的高地，在不同的领域插上旗帜。

郝杰的《全球创猎者》是地图册、导航仪。引用书中的一段话：这个时代，一个年轻人的核心竞争力和未来决定于他如何站在全球，甚至是整个人类的层面去更加灵敏和理性地获取信息，既能够理解全球的大趋势，又有能力将信息快速转化成行动，利用每个国家的特点，在不同的国家实践自己的想法。对于可以建立这个核心竞争力的年轻人，就可以享受到这个时代最好的红利。我把这本书推荐给身边的每个年轻人，希望每个人都有这个眼光，去享受这个时代

推荐语

最好的红利。

——曹洪雯（洪帮主）心乐土 CEO

国与国的隔离、人与人的差别在全球化的今天正逐步被弱化和缩小，未来无论什么样的学历和家庭背景，都不会有真正意义的安全和稳定。视野滋养创新和机遇，全球创猎者对中国而言仍然属于极少数的群体，郝杰的《全球创猎者》既是给年轻人猎取全球商机的启发，也是作者成功践行经历的真知灼见，更是一种现代中国人的豪迈与自信的展现，"全世界为我所用"将促生更多留学生在海外成就自我。

——胡　靖　雅力教育集团 CEO

郝杰博士以自己的脚和笔开启了他认识世界、发现世界的旅程，其所展示给读者的不仅仅是世界本身，更重要的是发现世界的方式，呈现出一个中国青年参与全球化进程的灵动角色。

——郭存海　博士、中拉青年学术共同体（CECLA）
联合发起人兼负责人

《全球创猎者》中，作者以自己的亲身实践和历练，总结出在当今全球化加速进程中，在中国倡导的"一带一路"大背景下，青年创业一代，如何依靠国家战略、资金、市场、人才资源在全球范围

全球创猎者

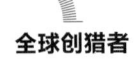

猎取创业机会的方法论。我相信,每次阅读都是一次光合作用,可以从中获取巨大的正能量和时代红利。

——刘宝乾　北京航威创新教育科技有限公司总经理

在不同的国度,发现机会,去实践自己的想法。未来的时代,世界是平的。走出去,离开中国一阵子,你会看到世界就在你的脚下。创造价值,交换、共赢是这个时代最好的方式。愿意撰写书籍的人,都是不吝啬于分享知识的能者。不停止探险的心情,去认识一个个不同的国家,带给你的不只是感官上的小确幸,还有孕育商机的新机会。随着郝杰学习如何做到"全球创猎"吧。

——蒋美兰　费芮互动创始人及CEO

人的本性是相同的,但人的表现是千差万别的。由于不同地理、历史环境而产生的物质文化差异,不仅构成了色彩斑斓的世界,也产生了商机。每一代人中都有一群这样的人试图抓住这样的商机,郝杰就是其中一位。他在《全球创猎者》中,用亲身经历讲述和分析不同国家人文和商务环境的特点,并提出务实的策略,给想要进入这个国家进行商务活动的人提供了实用指南,对大众读者来说,也是了解不同文化的有趣读物。

——许　仙　宋唐咨询总裁

推荐语

在历史的隧道中寻找那一束光。

法兰西斯·福山用"历史的终结"来命名他的上一本书，而人类文明发展的终结是什么？这个命题太大，我们甚至一生也不可能解答这样大的命题。如何在这个大时代给我们的机会中生存、繁衍、生活下去，这才是我们应该追寻的目的。郝杰的文字给我们提供了这样一种可能性。全球化在当今社会是一个尽人皆知的概念，我们享受着来自挪威的三文鱼，来自南极的鳌虾和荷兰的鲜花，我们享受着大航海时代后期带给我们的文化、荣耀和物质的极大富足。我们走出去，跳出固有的文化概念，去经历这已经扁平化的世界，同时也经历着一次次或大或小的文化冲击。那么，我们每一个个体，如何在文明的冲突和断层中寻找机会，这是作者希望借由文字和他的游走、经历和感触，带给每一个人的思考和刺激。无论是否承认，我们都是全球化的受益者；无论是否接受，我们都注定成为全球化中的一颗棋子。融入世界格局的变化中，最终成为一股巨大的力量，推动我们的文明向前行进，最终实现我们生命的意义。

——何　珊　华人文化控股集团法律总监

中国对海外的大规模投资，源于 21 世纪初，对我而言，则是始于 2012 年，我和几位朋友以产业基金的方式，开始中国对日产业投资和项目收购的探索和实践。如今，郝杰和他的伙伴们一起创立的 Magma 基金，同样也是以基金投资的方式，隐蔽且深入地进入拉丁美洲的产业腹地。这一切，都是以满足中国广阔而博大的国内市场的消费需求和中国自身的产业提升为最终目的，这也是非常符合中国经济摆脱"中等收入陷阱"、产业升级的商业逻辑和一致性的持续努力的。郝杰的《全球创猎者》一书描述的，则是这一宏大背景下的微观故事，独特而稀有。

——高　鹏　"万人众创大赛"创始人、《双创有道》作者